尋找台灣特有種旅行

邱一新 著

專文推薦

體悟來自台灣土地最真實動人的故事

嚴長壽
（公益平台文化基金會董事長）

認識一新是在十多年前，那時他還是《時報周刊》的記者。由於四十年前，我在美國運通時期曾擔任台灣最早的國際觀光旅遊探路開發者，加上後來參與許多國際事務，如：亞太旅行協會、青年總裁協會、國際美食大賽、世界傑出旅館系統及台灣觀光協會等各項領導工作，因此自然成為許多從事國際旅遊專業報導的夥伴們所諮詢的對象。一新，是我印象最深刻也最用心的耕耘者之一。當時我們交談的話題總是不離世界旅遊的趨勢、各國旅館的生態及美食風景等觀光議題，而他本人無論於公於私，也總是以一顆飢渴的心找盡機會，以不同的主題去探索世界各地的風景，開啟國內自主旅行的風潮。

隨著我個人生涯規劃的轉向，四年前我開始經營花東、成立公益平台文化基金會，為了讓更多台灣的朋友真正認識台灣這片最後的淨土，我陸續邀約一些在媒體文化界具有影響力的朋友一起深入花東訪問，而擁有豐富旅行經歷與深厚人文視野的一新，當然也是我邀約的對象之一。在一次不經意地談話中，我向已是老友的一新建議，該是把長期對國外投注的關懷導引回國內、從國際慢慢走回自己土地的時刻了。此後，我們也沒有再更進一步的聯繫，直到有一天某年的過年期間，這位老弟居然在花東打電話跟我表示希望親訪鳳林的月盧餐廳；接下來，我又陸陸續續聽到他身體力行深入每一塊各具獨特性的台灣土地進行踏查，這時我心想，一新終於以行動開始轉向了。

這些年來，由於投入公益平台的關係，讓我對台灣這塊土地有更深的了解與感動，但是我絕大部分的時間還是在公益工作的範疇中，在看完這本書後，我才知道一新以文人的角色，追隨著許多故事的足跡，從三毛到孫大偉，從白冷教會到馬偕牧師，從紫斑蝶到芳線柱蘭，從高山到島嶼，認真地踏遍了台灣的每一個角落。

不論是對走遍世界過盡千帆的朋友，還是尚在尋找出路的年輕人，或是對於還在為台灣與自己的未來找出路的企業與政界的朋友，我都想殷切地呼籲各位，請回頭看看您腳下所站立的這塊土地吧！我相信透過一新的這本書，您也將能夠以不同的閱讀旅行方式，體悟來自台灣土地這一篇篇有血有肉、最真實也最動人的故事！

專文推薦

邱一新的特有種「旅行」

侯文詠（作家）

我喜歡邱一新的旅行一直被他內心某種連自己都說不清楚的渴望糾纏，不斷地在改變。當大家才開始有機會、有財力出國旅遊時，他已經用盡各個方法（他自己說「騙」）走遍上百個國家，把地球繞過幾圈。這本來已是值得誇口一輩子的功績了，不過這似乎才只是作為他旅行的「入門養成」階段。他一點也不滿足於此。

慢慢地，你在他的作品中看到了許多帶著目光、主題的體驗性旅行。像是跟隨福爾摩斯的腳步去看倫敦、追隨《倚天屠龍記》的腳步去探索伊朗的拜火教、甚至是，想辦法進駕駛艙要到機師的簽名、或者就在自己家的廚房，把自己想像成蟑螂，用蟑螂的目光玩……這樣創意十足的發想、體驗，受限於經驗、膽識，一般人做來或許力有未逮。但他這個旅行達人卻實踐得淋漓盡致。這些實踐，讓我們見識到，旅行的書寫（或者就是旅行本身），可以從外在的地理、景觀、餐廳、歷史、風俗……諸多知識網羅，進化到空間與意念的對話、生命的體驗與驚奇。

近幾年，邱一新的事業、現實生活愈來愈忙碌，我幾乎以為這應該是他對於旅行詮釋的極致了，不過這次邱一新又交出了這本讓人耳目一新的書。

整本書，不變的當然還是他那百科全書式的淵博、徐霞客般的熱情與意志。但完全不同的是，一反傳統對旅行的認知——出走遠方、尋訪獵奇、追求刺激，邱一新帶我們走回台灣、觸摸熟悉、感受寧靜。就像書裡面多次提到，作者看不到眼前獵人、嚮導一眼能看到的事物、軌跡一樣，閱讀的過程中，我們發現，對於就在自己身邊的「台灣之美」，大部分的時候我們也是視而不見的。

閱讀的過程是特別而有趣的。隨著邱一新走入人煙罕至的山林、海邊、島嶼，偏僻的村落、部落，讀著讀著，我們漸漸跳脫現有的環境，安靜下來。也因為安靜，我們看見更多就在身邊，屬於自己生命經驗的，美的可能。這或許就是這本書最迷人的地方了。旅行雖然是外在的，但它呼應的，其實是內在的渴盼。想看見最美的事物，需要的或許不是更多的行程或花費，而是一雙能夠發現的眼睛以及一顆善感的心。

無疑地，這是邱一新的著作裡，我最喜歡的一本書。這次，他為我們指出了所有旅行最有趣、最未知、同時也是最迷人的目的地——我們的內心。

有種推薦。
（按姓名筆劃排列）

旅行因追尋而宏大。

邱一新遍行世界性高難度的行旅，以具國際觀的視野，重新一步步的親炙這母親的土地台灣，深入的追尋，經歷國外知名旅行雜誌不曾介紹到的台灣。在地的邱一新，究竟到了哪些在地人才會到達的所在？並用怎樣的觀點來看待這追尋之旅。讀《尋找台灣特有種旅行》，可見分曉。

李昂（作家）

多年來跟隨著一新兄的足跡。

臥遊天之涯海之角，奇幻瑰麗之地，但是，不知是否這個斑衣吹笛人因行年漸長，心境不同了，反而重新回到生命的最源頭，台灣這塊生養我們的土地，或許有了鳥瞰世界的視野後，他也看見了許多人未曾看見的台灣。

這本書與其他旅遊書不同之處是，相信一旦我們真的跟著一新兄啟程，來趟屬於自己的溯源之旅，一定會促發自己生命產生某些改變，而且除了自己之外，也將會是屬於我們這個社會，這片土地的美好未來。

李偉文（作家・環保志工）

自然野外常帶有一種致命的吸引力。

讓人生活到某一歲數時，萌生一個生命的高度。此後以狂野的熱情，尋求過去職場無法給予的心靈滿足和挑戰。這種人常見之，多半在退休之後。邱一新是例外，提早出發了。

很難想像，在忙碌的工作裡，他如何尋找到這一安身立命的價值。裡面追尋的多樣物種，縱使是一個熱愛自然，長年奔波於山林者恐亦難達成，更何況要展現高度的人文關懷和歷史縱深。生態旅遊為何，生命的達觀何在，他以己身之力，走出了一個獨特而精彩的探險風格。

劉克襄（自然生態作家）

自序

你往何處去？(Quo Vadis ?)

「當您看遍世界風景時，一點對鄉土的痴情希望，也引發您的參與……」二〇〇八年四月間，突然接到公益平台基金會董事長嚴長壽寫來的期許，令我想到二個月前，接待《寂寞星球》（*Lonely Planet*）創辦人托尼・惠勒（Tony Wheeler）夫婦，聊到台灣有哪些獨特的風景和旅行方式，我勉強擠出鹽水蜂炮、平溪天燈、永康巷弄等，但我相信早寫在他們出版的《*TAIWAN*》了。

此後，我開始旅行，不確定方向地走和停，到處打探祕境，直至不經意讀到早期台灣西方旅行者的探險紀行，大多為採集動植物而來（其中有不少新物種和台灣特有種），於是，我的旅行有了比較明確的方向——從清末和日治台灣自然史中尋找旅行路線。我認為台灣過去是什麼樣子並不重要，重要的是未來想成為什麼樣子。人的思考也當如此，未來，我想成為什麼樣的人、站在什麼位置上？

以楊南郡譯注的《鹿野忠雄》為例，便啟發我從生物地理學角度切入蘭嶼——我試著去尋找他用來證明「新華萊士線穿過台灣與蘭嶼之間」的球背象鼻蟲和蘭嶼光澤蝸牛為目標，因而有了奇妙的經歷。的確，穿透一個地方的角度，會影響你的旅行視野和旅行命運。

同時，《鹿野忠雄》也導引我偕兒子去爬雪山和南湖大山，探查他發現的冰斗圈谷——冰河來過台灣的證據，沒料到，從此迷上一波又一波的「凝固的波浪」（鄭愁予詩《山外書》），站上台灣最高的浪頭——海拔三九五二公尺的玉山。

因此，本書「追尋一種路線」收輯的〈與子偕行〉、〈追尋馬偕牧師的旅跡〉、〈站在三九五二〉、〈重溫博物學者踏查山林的樂趣〉、〈追尋合歡越嶺道〉等，皆因文字的奇妙媒介，我才得以跟著心儀的作者，走過百年前他們走過的地方，歷史因而變得可以觸摸。

但〈追尋合歡越嶺道〉因為崩塌嚴重，只餘某些路段尚可踏查，有的路段如「掘鑿曲流古道」幾乎不可能貫通，雖然斷斷續續踩了四年多，有如踩進泥沼進退不得。可惜篇幅有限，無法納入我踏查過的合歡越，只能選幾篇比較有「旅遊味」的路段進來，險象環生的路段就捨去了，成了「斷簡殘篇」。

另外，此輯比較例外的一篇〈太平洋的風一直在吹〉，係與孫大偉同遊花東之追憶，分享他看待世界的幽默，但追尋合歡越時我不時想到他——想到他躺在紅毛杜鵑下做花下鬼，不免替他心花怒放。

旅讀台灣時，我遇到許多動植物，其中有些是學術界認知的台灣特有種、亞種，於是有了另一輯「追尋台灣特有種」的旅行，包括：〈蝴蝶效應〉、〈前往黑熊作夢的地方〉、〈尋蘭記〉、〈遇見寬尾鳳蝶〉、〈當個泰雅獵人〉、〈尋找幸福蟲〉、〈福山薩伐旅〉、〈召喚八色鳥〉等。

但此輯讓我吃了些苦頭，因為特殊生態可遇不可求，往往必須跋山涉水面對蚊蚋螞蝗才有機會看到，幸好，除了偶而被青竹絲、龜殼花恐嚇外，倒也沒有什麼太大的危險，只是經常被「槓龜」咬到唉聲嘆氣。

例如追尋野生蘭，看到花謝了就要再等一年，只能搥胸頓足徒呼奈何。不過，當我在恆春半島山區找到幾近絕跡的台灣蝴蝶蘭（俗稱「台灣阿嬤」），心中喜悅難以言喻，我拍下照片獻給栽培蘭花而榮獲總統府頒發終生奉獻獎的父親，雖然他栽培蘭花一輩子，也沒見過台灣阿嬤。

找野生蘭雖說憑運氣，但也考驗旅人的觀察力，大多時候視而不見，以為是雜草。像傳頌一時的民歌〈蘭花草〉，有一說是綬草（攀龍草），恐怕許多台大人都不知校園內有此野生蘭吧？

植物就是這樣，不開花就難以辨認，但追尋鳥獸和兩棲爬蟲類更難，你只能耐心等候，所以，我一直很佩服那些玩生態的野人朋友。像黑熊媽媽黃美秀，追尋台灣黑熊十幾年，讀過她故事的人莫不動容。我等了十年才得到機會跟隨她深入中央山脈，又翻山越嶺櫛風沐雨走了三天才抵達大分（黑熊研究基地）。期間我與黑熊志工探勘華巴諾砲台駐在所，攀崖時不幸滑落，幸好，一條樹根奇蹟似地伸出來讓我攀住——對我而言，這就是神蹟，也是上帝存在的證據。

然而，有些動植物冠上「台灣」之名，未必是特有種，只能說是原生種，例如台灣黑熊在「生物認知」上與日本、大陸同種（能互相交配、生出具繁殖力的下一代），但在「情感認知」上，經過數千年島嶼化，或多或少有些變異（譬如不冬眠），已有台灣特有種的樣子——就像我們自稱「台灣人」，在血緣上是華人，但思想上、文化上與大陸、香港、新加坡等地華人已有差異，只是人類很難形成特有種，因為我們會交流、通婚。

其實，每趟旅行我都會順便追尋台灣特有種，特別收成一輯是為了凸顯本書的旨趣，而且，其中也未必都是真正的特有種、原生種，例如八色鳥、黑面琵鷺等珍稀候鳥，在我的情感認知上，飛來台灣那段時間都當成「台灣特有種」。

但是，有次追尋寬尾鳳蝶遇到丁松青神父，看到他為清泉部落付出的一切，突然領悟，台灣各個角落都有像他這樣的人，默默地以自己信仰的方式關懷台灣，做了許多信心的工作，讓夢想牽引更多的夢想，將自己形成另一獨特的「台灣特有種」。

又如東華大學顧瑜君教授，在壽豐鄉小社區成立了一家二手公益商店，扶持弱勢族群小朋友，激發了我更多的旅行想像和旅行追尋。以前，總以為旅行是為了改變自己，但從這些「台灣特有種人」身上，我看見他們帶動的旅行方式，改變了社會，也逐漸改變了台灣。旅行不再只是消費行為，而是帶來影響的移動，成為有力量的旅行。

我在花蓮時，也遇見某些人以打工換宿、換食的方式旅行，但我認為他們實際上是在「交換生活」，因此，啟發了我的〈慢城漫遊：多背一公斤，交換生活體驗〉，此後，我開始「追尋一種生活」——亦即第三輯的〈通往快樂的祕境〉、〈把家搬到雲海端〉、〈撥開東引迷霧〉、〈樂當鳥人〉、〈溯野溪泡祕湯〉、〈我是一隻小小鳥〉等，都是我的一種生活交換。

閱讀，是為了增加人生的厚度。書寫，是為了分享和參與。因此，希望本書的旅讀方式，能啟發更多追尋「台灣特有種的旅行」，讓台灣成為人人驚呼的 Ilha Formosa（福爾摩沙）。

回想數年來，為了旅行台灣，為了避開假日人潮，我把每年的假期都投入，本來不捨，想留著出國用，但轉念一想，為什麼我能為外國請假，卻不能為台灣請假呢？若大家都這麼做，我想台灣的旅行品質會更好，經濟也會更繁榮吧。

本序以我極喜愛的一本書《你往何處去》為題（*Quo Vadis?* 電影《暴君焚城錄》原著，一九〇五年諾貝爾文學獎得主顯克維支代表作），一方面呼應本書的旅行方向，一方面也叩問自己的人生方向。

最後，要感謝劉鴻文、傅宏仁、黃美秀、瑋娟（Jodie）&Jean Paul RICHON、周成志、廖林彥、輝哥（Afi）、林逸杰、魯文印、沈錦豐等人的友情支持，提供精彩圖片，為本書增添保存價值。此外，也要感謝黃慶安（武陵富野度假村）的盛情，讓我的想法得以從台灣最美的地方出發、實踐。

第壹部

追尋。台灣特有種

我望著星空，
驚覺以前怎麼都沒發現星星「開著花」呢？
或許，旅行就像小王子說的：
「眼睛是什麼也看不見的，應該用心去尋找！」

蝴蝶效應

路線：三地門（排灣族）→台24線→三德檢查哨（進入魯凱族領域）

→伊拉部落→神山部落→霧台部落→古露部落→阿禮部落

R.O.C.

11.303

二〇一〇年開春後，突然接到蝶友廖金山轉來一封「給總統的公開信：魯凱阿禮的心聲」，大意說二〇〇九年八月莫拉克風災後，霧台鄉阿禮部落有十戶居民欲原鄉重建，不願遷村，希望政府能尊重，讓部落文化繼續在山上深根。

「我們失去房子，但不願失去祖靈住的地方！」寫信的包泰德夫婦，災後便不停在部落格抒發重建家園感想，感動了許多人留言鼓勵，但金山和我卻想去住他們的民宿「稣木古」——這是最有力的聲援，也是他們期待的一種支持方式。

稣木古是包泰德的家屋名，也是姓氏。根據魯凱族習俗，男人要有家屋，家屋名即姓氏，所以，要他們棄家屋、遷居平地永久屋，可想見心裡多麼痛苦！

事實上，我嚮往魯凱族文化有一陣子了，心想這次阿禮之行，總算可以順道探訪三位魯凱族大師——盧正君（巴冷公主與蛇郎君的〈鬼湖之戀〉詞曲原創作者）、獵王龍尺武和雕刻家杜巴男。同時，我也期待看到稀有的台灣特有種黃山雀和瀕危的保育類山麻雀。

牽引阿禮之行的廖金山，則是二〇〇九年初在茂林尋訪「紫蝶幽谷」認識的蝶友。他從軍職退休後，致力於蝴蝶生態調查——尤其是南下越冬的台灣特有種紫斑蝶。因此，每年十二月，他常徜徉高屏山林中，傳送蝴蝶動態情報，標放紫斑蝶，協助調查紫斑蝶遷徙的「蝶道」。

但「紫蝶幽谷」並非地名，而是紫斑蝶在冬天飛往溫暖地區避寒的群聚「生物現象」，全球僅有台灣紫斑蝶和墨西哥帝王斑蝶有此現象，所以，被國際列為「全球瀕危現象」。高雄、屏東、台東交界山區，即是紫斑蝶越冬地區，也是魯凱族的傳統領域。

我跟著一群小朋友圍著金山，上了一堂難得的戶外生物課。他一邊標放紫斑蝶，一邊解說「屁

魯凱阿禮的心聲：我們失去房子，但不願失去祖靈住的地方。

魯凱居民陸續返回阿禮部落，要讓部落文化像這棵山蘋果一樣深根在山上。

股開花」——當雄蝶被捉到時，腹部末端的「毛筆器」就會翹出來，彷彿一枝開花的毛筆，散發出噁心味驅敵，但毛筆器也是交尾器，當牠要引誘雌蝶時，便會分泌一種稱為「斑蝶素」的氣味，以此獲得青睞。

這次賞蝶，讓我感受到大自然奇妙的一面。例如每年飛來茂林越冬的紫斑蝶，並不是春天離去的那一隻、那一群，而是隔了四、五代（注），與我們熟知的鮭魚、企鵝、海龜同一代返鄉有很大不同，換言之，牠們是如何憑基因運作，飛到祖先去年越冬的同一座樹林或山谷呢？如果環境改變了，會不會遷移到其他地方越冬呢？難道這就是所謂「隔代遺傳」嗎？

當我聽得入迷時，不知為什麼，竟然有種莫名興奮感，好像窺視到上帝創造萬物的奧祕，啊，讚美主。但學者試圖解答這奧祕時，上帝一定覺得很好笑。

當我在陽光照射的溪澗處，看到滿坑滿谷的蝴蝶鋪成「蝶毯」時，簡直目瞪口呆。然而，只要一走動，就被蝴蝶包圍、吸吮汗水，那種被當成「蜜源」的奇妙感，筆墨難以形容，但牠們的蜜源實際上是大花咸豐草和小花蔓澤蘭或高佛士澤蘭等。

金山說，真正的奇觀要等到午後或陰雨天時，紫斑蝶會棲息在樹枝藤條垂掛成串，形成「蝶樹」或「蝶瀑」景象，但因行蹤成謎，難得一見。

在茂林與金山相處數天中，我的眼睛和耳朵逐漸打開了。可能住台北太久了，我變得耳目不聰。但金山聽鳥鳴即可判定鳥禽，看到蝶影即可辨別蝴蝶，令人佩服。

此次阿禮之行，我們沿著台24線東行，經三地門時，金山留意到紫斑蝶紛紛沿隘寮南溪飛出來，立即停車數蝶。

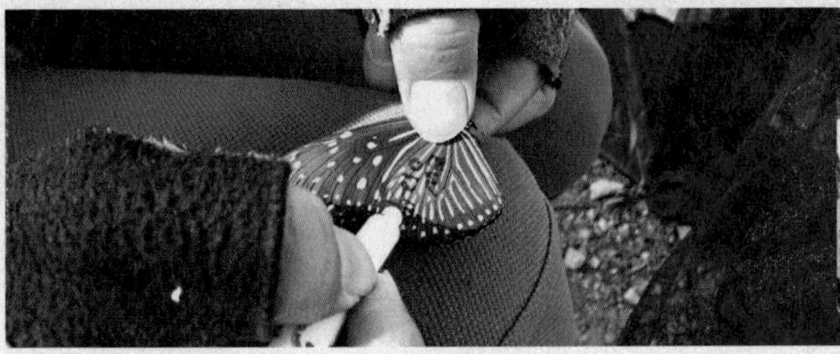

標放紫斑蝶，順便幫小朋友上一堂戶外生物課。

紫斑蝶不知如何憑基因運作，飛到祖先去年越冬的同一座樹林呢？

紫斑蝶的褐色翅膀，在陽光下轉變為紫色幻光。

雄蝶的「毛筆器」，分泌一種稱為斑蝶素的氣味，引誘雌蝶來交配。

黃帶枯葉蝶

台灣黃斑蛺碟

紫斑蝶保育志工——廖金山。

「可能是好茶部落那邊飛過來的。」金山要我協助數蝶，待了一小時，數出每五分鐘約七十隻。時值三月初，春暖花開，南風拂來，形成一股助飛的力量，紫斑蝶即將返鄉，但見褐色翅膀在陽光下散發紫色幻光，令人驚奇。

我們站在坡地，目送紫斑蝶凌空而去，牠們也許會在「蝶道隘口」（雲林縣林內鄉）歇息幾天吧，然後飛越濁水溪、八卦山返回北台灣，但高潮在三、四月間，數量龐大時，會在空中形成「蝶河」奇景。

往年因蝶道與北二高某些路段重疊，讓不少紫斑蝶捲入車輪枉死，經過保育人士不斷請命，高公局為此設置了「生物廊道」——上午十時至下午三時，封閉外側車道，並在上方架設防護網——讓牠們飛越。

金山說，當蝶道隘口測出每分鐘五百隻以上時，就會啟動生物廊道，讓路給紫斑蝶——我心想，這不就是「蝴蝶效應」嗎？如果我們的社會能因某個人、某個社群呼籲，讓路給蝴蝶，在台灣還有什麼不可能做到的事呢？

未來，金山說他們還想推動紫斑蝶印上紙鈔，就像櫻花鉤吻鮭躍上兩千元、帝雉跳上一千元紙鈔一樣。這使我想起《追蝴蝶的人》陳維壽，創設成功高中昆蟲博物館，激發了社會對蝴蝶的關懷，進而在一九七八年促成蝴蝶郵票的發行，也同樣是蝴蝶效應。

我何其有幸，目睹蝴蝶效應之始。此次跟著金山深入災區，探訪魯凱朋友重建家園，不也是蝴蝶效應的影響嗎？

但等我們過了三德檢查哨，景觀丕變，接近伊拉部落時，金山指著右側被洪水削出來的峭壁河岸說，有一排房子被沖掉了，包括他的朋友。起初，想說來這裡觀看「破碎山河」，心裡著實不忍，但親臨現場後，覺得滿目瘡痍的「風景」，也是一種震撼教育，更能給人啟示。

當行經神山部落時，看到「神山愛玉」招牌，立即停車品嚐。數年前我曾在此吃過小米愛玉冰，滋味難忘，但老闆娘說很久沒看到遊客了，直說「謝謝你們來」，真令人心酸。

到了霧台部落，在一棵老榕遇到一群盛裝婦人，以魯凱語「騷包」（SaBau）問候我，意思是「您好，工作辛苦了」——從這句招呼語，可知魯凱人是個勤奮的民族。聊開後，才知今天有人從茂林鄉萬山部落嫁過來，正等著參加婚宴呢。她們的頭飾引人注目，皆是採擷花草編織而成，各有位階象徵，為了歡迎我們不畏險阻前來，還即興唱了一首歌。

魯凱男人也極重視頭飾，幾乎都戴上一頂，多以山豬牙裝飾，代表善獵，但有位老者卻插著一朵百合，金山說他曾獵過五頭公山豬，讓我覺得魯凱族很浪漫，竟然用百合來當作勇士的桂冠。更醒目的是插鳥羽的人——金山說是貴族，若插熊鷹翅羽，就是頭目了。往霧台的途中，天空不時飛翔著老鷹和大冠鷲，就是沒看到熊鷹。

我們運氣好得不得了，竟然撞見婚禮最精彩的一幕——四名魯凱壯丁抬坐竹轎的新娘入場。可惜要趕路，不敢參加，怕醉了拋錨在此。

蒙神恩典，霧台部落沒有災情，上次住過的石板屋民宿「夢想之家」依然挺立。主人杜得志曾告訴我三位魯凱族大師的故事，才促使我想要探訪。但晚了一步，我只能在魯凱族文物館瞻仰逝世週年遺物展「想念天堂的族人」，他們在二〇〇八年十一月相繼辭世。我沒料到，當年一時猶豫沒立即拜訪，就留下永久遺憾了。

SaBau 是魯凱族的問候語，意思是「您好，工作辛苦了」。

四名魯凱壯丁抬著坐竹轎的新娘。

魯凱婦人擷花草果實編織頭冠，正準備參加婚宴，她們還為我們唱了一首歡迎歌。

我覺得魯凱族很浪漫，竟然用百合來當作勇士的桂冠。

魯凱勇士用百合和山豬牙編織成桂冠。

我們黯然離開。真的來遲了，連山櫻花都凋謝了。現在從南到北遍植櫻花樹，以霧台地區開花最早，號稱「最早盛開的櫻花部落」。

路漸行漸險，在古露部落附近，還出現大崩壁，半個村子懸空崩壁上，看了腳都軟了，接著十多個髮夾彎，電線桿連同路基都崩塌了，剩餘路面也岌岌可危，轉彎處土石還會突然滑落，可想見風災那天，這裡是如何山崩地裂的。

到了手機收不到訊號的地方，即是台24線的盡頭阿禮部落了。這裡堪稱是屏東最偏遠部落，沒有任何觀光形式，只有蟲林鳥獸為伍。但是，如果一味以傳統祭和歌舞來吸引遊客，熱鬧幾天過後，又有多少觀光裨益呢？

阿禮部落有上、下部落，穌木古位於上部落，群山環繞，門前望出去即可看到狀似魯凱長矛（Idiri）尖刃的霧頭山，據說阿禮（Adiri）因此得名。我們很幸運，抵達不久即看到藪鳥，也是台灣特有種，讓我想起十九世紀來台考察的美籍動物學家史蒂瑞（Joseph Steere），因找到此新鳥種而一舉成名，得以冠姓在學名上。

黃昏時，泰德在院子升火，為晚餐烤火做準備。烤火可說是原住民普遍的傳統。通常烤火的地方，也是接待客人的「客廳」，但搬到慈濟大愛模範村後，是否會失去烤火傳統？

豈止烤火，像成年禮、婚禮或祭典中的殺豬分肉儀式，如何舉行呢？小米要在哪裡栽種呢？婦女的頭飾花草，到哪裡採集呢？

或許遷村後，山林等三、五十年、幾個世代才會復原，魯凱人才有機會返鄉，但魯凱文化會不會因此沒落消失呢？不過，蟲林鳥獸說不定得以喘息，欣欣向榮。我矛盾地想著。

由於早已斷電，泰德家無法冰藏肉類，晚餐以金山帶上山來的土雞、冬瓜、高麗菜煃了一道香味四溢的「冬瓜封」，佐柴火煮的米飯吃。

實在太好吃了。泰德懸掛了一盞油燈，以免我們頻頻出擊的筷子，戳到別人的手。然而這一盞微光，彷彿部落的希望之光，泰德夫婦就在火光搖曳中，訴說災後的心情——起初被安置在榮民之家，雖然不虞吃喝，但想到以後只能打工，失去生活的意義，便覺得悶悶不樂，以前就是過不慣平地打工生活才回山上啊，心想與其待在山下痛苦活著，不如返鄉過「原始」生活算了。

但支離破碎的北大武山系，還剩多少安全區域呢？逃離是唯一的選擇嗎？難道人類真的不能和山林共存嗎？難道不能將原住民視為山林生態體系的一環嗎？

沒有電的地方，「現代」生活難以為繼，泰德卻處之泰然，與留下來的族人一起清理家園和部落古道，還不時抽空上井步山、小鬼湖林道做生態監測，希望有天能讓阿禮部落成為一所「山的學校」。的確，有誰比他們更適合擔任這片山林的解說人呢？

這時，我憶起多年前在日本青森的「油燈之宿」，故意不用電而用油燈，每天砍柴煮食，圍著炕爐用餐，就是要客人體驗油燈時代的風情，正如同此刻我在阿禮的無電力生活。

隨後，我們夜遊到頭目家屋「阿爸禮握手」（ABALIOSO），與頭目、泰德等人烤火聊天，我留意到有個鐵桶正在煙燻溪魚——自從風災後，部落生活又回到從前，肉類不是煙燻，就是抹鹽風乾。

隔天起了大早，不是睡不著，而是聽到「是誰、是誰～」的叫聲，開窗一瞧，原來是白環鸚嘴鵯。出門散步，台灣特有種冠羽畫眉先來招呼「to-meet-you」，接著白頭翁「巧克力～」般討叫不停，讓台灣特有種青背山雀「啾～啾～」地喊羞……阿禮果然名不虛傳，鳥況頗佳。

所謂賞鳥，包括了觀賞和聆聽兩種，但我世俗得很，認為百聽不如一見，總想看到鳥兒。但山鳥生性害羞，大多只能聽到鳴叫，即使竹雞「雞狗乖～」叫那麼大聲也難以看到。

早餐後，往下部落途中，突然聽到一對台灣特有亞種大彎嘴「哇～呵、哇～呵」唱和，金山說是好兆頭——據魯凱族鳥占，聽到大彎嘴一公一母互叫，表示大吉，聽到母鳥叫聲還好，聽到公鳥叫聲就不吉利了。我猜想獵人喜歡天黑後打獵，多少也想避開不吉利的鳥鳴吧。

果然靈驗，我們很快看到了山麻雀，雖然看似麻雀，細看還是有差別，雄鳥頭背部略顯棕紅，雌鳥眼部則有道乳白色長眉線，不像麻雀有灰白臉頰和黑痔。山麻雀是台灣瀕危留鳥，全台不到千隻，主要分布霧台、阿里山、桃源，但以阿禮最容易看到。

「如果人都搬走了，山麻雀注定絕種。」金山憂心忡忡，因為山麻雀與原住民息息相關，仰賴種植的雜糧維生。

緊接著，又看到黃山雀在樹梢跳躍，要不是牠發出「嘰嘰嘰～啾啾啾啾～」聲，我們差點視而不見。黃山雀羽毛類似法師道袍，冠羽像師公帽，難怪被稱為「師公鳥」。

能夠同時看到山麻雀和黃山雀，大概也只有在阿禮部落才有這等幸運。

有時，野鳥也會突然掠過眼前，距離近到可聽見翅膀拍打聲，像小精靈般的白腰文鳥，常一窩蜂飛過來嚇人一跳，顯示此地人鳥關係融洽。野鳥一向是環境良窳的指標，超過二十種，即表示環境優良。阿禮當然超過。

走至下部落時，整個村子一片死寂，街道柔腸寸斷，不少房舍地基被淘空、陷落，歪七扭八，

橿鳥（傅宏仁 攝影）

藪鳥（黃痣藪鶥）

青背山雀（傅宏仁 攝影）

大彎嘴是魯凱族的占卜鳥。
（傅宏仁 攝影）

紅山椒以其鮮豔如頭目服飾而有「頭目鳥」之稱。（傅宏仁 攝影）

黃山雀以其冠羽類似法師，又名「師公鳥」，係《台灣野鳥圖鑑》封面鳥。（傅宏仁 攝影）

好像大地震肆虐過，心裡頭毛毛的，感觸良多。

其中有間房舍，門面繪製了兩個戴碩士帽的男人，還有熊、山豬、梅花鹿、百合等圖像，問泰德才知是鄰長朱光照的家屋。他們家族曾栽培兩位醫師，也狩獵到不少動物，所以，畫出來光耀門楣。

在家屋繪製光榮事蹟，是魯凱族傳統。像霧台部落的獵王家，牆上畫了六朵百合插在陶壺中，一朵含苞待放，除了彰顯他獵過許多野獸，也褒揚他與族人分享。

返回上部落時，我們順道拜訪頭目家屋。這是一棟用石板與原木共構的三百多年家屋，已傳了六代，祖傳文物塞滿一屋子，從華麗的獵刀、頭冠、服飾、陶壺到各種獸骨獠牙，樣樣都是寶。頭目包基成指出，古壺上的缺口，係因嫁出去或離鄉的族人，取走陶片所致，作為日後返鄉相認的信物。

令我驚訝的，頭目家門前也繪有巴冷公主和蛇郎君，不知是裝飾或象徵巴冷公主家族呢？我沒問，以免捲入部落間的版權糾紛。因為大武部落也宣稱擁有巴冷公主。旅人都是過客，無權置喙，但在我眼中，巴冷公主是全魯凱的文化資產。

後來，我們往小鬼湖林道走去，生態更見活潑，孤挺花、阿里山薊、鳶尾花盛開，黃尾鴝、台灣畫眉、綠繡眼紛紛出現，麝香鳳蝶、寬青帶鳳蝶、斯氏紫斑蝶四處飛舞，連「台灣最美麗的蜥蜴」牧氏攀蜥也出來亮相，遺憾的是，林道多處崩坍，又飄起了雨，打消了我們冒險踏查的念頭。

我們閃進土石流半淹的紅肉李園中躲雨，發現豬廄中仍關著山豬，看來主人尚未棄守，此時突然響起台灣小鶯叫聲「你~回去、回去、回去」，似乎在警醒我們該回頭了。的確，怵目驚心的土

阿禮部落或許也是野生蘭花的寶山：蕙蘭屬「金陵邊蘭」。

牧氏攀蜥是台灣最美麗的特有種蜥蜴。

魯凱傳統石板屋。

石流在眼前蠢蠢欲動呢。

回程48.5K處（小鬼湖林道入口），台灣獼猴、赤腹松鼠、灰林鴿、橿鳥陸續出來送行，讓我萌生來匆匆去匆匆的感傷，下次再見又是什麼樣的光景呢？金山在車上反覆播放〈山谷裡的居民〉，唱出我們的感嘆：

山谷裡有風　山谷裡有雨
山谷裡有樹　山谷裡有河
山谷裡的天永遠那樣藍
山谷裡的居民住了許多許多年

山谷裡有風　山谷裡有雨
山谷裡有樹　山谷裡有河
山谷裡的天永遠那樣藍
山谷裡的居民祖祖輩輩不離開

注：

北台灣的紫斑蝶在夏季期間因代謝較快，生命週期僅一到兩個月，所以會產生三到五個世代，但飛到南部越冬的紫斑蝶壽命則可達半年。

前往黑熊作夢的地方

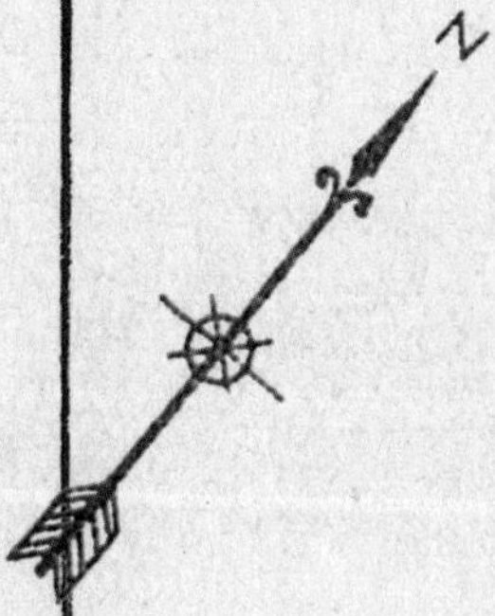

路線：玉里→台18線→南安遊客中心（玉山國家公園）

→步道起點（台18線終點）→14公里

→瓦拉米山屋（第1晚）→14.3公里→抱崖山屋（第2晚）

→10.5公里→大分山屋（第3晚）

「熊～熊～熊～」「刀～刀～刀～」「相機～相機～快，快……」拔刀的，拍照的，嚇呆的，十多個人慌成一團，但見黑熊怒氣沖沖衝過來，在六、七公尺前突然掉頭而去。

布農挑夫阿德正向「熊媽媽」黃美秀，講述去年十一月在清代八通關古道，驚遇黑熊的情景，聽得我們笑成一團。美秀根據蒐集到的二百多例目擊紀錄，研判那隻黑熊的「攻擊」模式就像開車U Turn，只是虛晃一招。

「如果來不及逃，可以裝死嗎？」我提出多年的疑惑。

「不行，要裝傻～」又是一陣爆笑，我沒料到國際知名的黑熊學者那麼幽默。的確，黑熊連腐肉都吃，怎會放過到嘴的沙西米呢？我聽說過某位被黑熊嚇昏的獵人，醒來後擱在七、八公尺高的樹幹上，原來是被黑熊叼上去「儲存」起來了。

追問原因，原來阿德他們驚擾了正在吃青剛櫟的黑熊。

二〇一三年一月追隨美秀，要去的「大分」即是青剛櫟密集的地方，位於玉山國家公園中央山脈以東的核心地帶。我們從花蓮卓溪南安遊客中心（海拔五三〇公尺）出發，循日治八通關古道蜿蜒而上，沿途腎蕨、鳳尾蕨、過溝等菜蕨夾道，鳥巢蕨、崖薑蕨、蛇木、桫欏等樹蕨漫生，難怪，入口到瓦拉米山屋（海拔一〇六八公尺）十四公里路，被稱為「瓦拉米」步道——「蕨」路。

此季節路面覆蓋層層落葉，走起來像海綿墊，某些路段還灑滿山櫻花，有如迎賓地毯。我們在拉庫拉庫溪吟唱聲中，隨著山嵐飄渺，聆聽林鳥啁啾，穿過山澗飛瀑，令人心神舒暢。在2.5K附近，還巧遇啄食火炭母草的藍腹鷴，讓我對此行充滿期待。可惜路旁野花寂寥，僅見台灣及己（四葉蓮）、紫花鳳仙、紫花地丁、狹瓣華八仙、喜岩菫菜、假酸漿葉零星綻放。

我們在拉庫拉庫溪吟唱聲中，隨著山嵐飄渺，聆聽林鳥啁啾，穿過山澗飛瀑……

沿途蕨類夾道，因此被稱為「瓦拉米」步道──「蕨」路。

大分山屋門牆上的老梅樹燦爛綻放，
歡迎我們的到來。

不過，途中駐在所遺址和殉職紀念碑，卻如陰風陣陣襲來，不時提醒我，這條路徑曾發生過的歷史悲劇，愈往裡走，冤魂愈多，尤以一九一五年大分社頭目拉荷阿雷兄弟帶領族人出草大分駐在所最為慘烈，史稱「大分事件」。

在6K處大白鯊巨岩附近山林，隱藏著一戶布農家屋遺構，若沒人指點絕對找不到，但不知他們搬去了哪裡？家破人亡？他們出草過日警嗎？

我在石板牆中，發現了鏽蝕的刀鋤和破碗、酒瓶等，但因尊重他們的祖靈——按布農習俗，死後埋葬在家屋之下——我不敢驚擾過久，悄然離去。

跟著美秀走，看到的「風景」很不一樣，我發現她是以「黑熊能不能吃」的眼光來觀看，像殼斗科青剛櫟，如果不是她特別指出，我大概一輩子也不會留意，難怪大分會成為她的研究樣區，稱為「黑熊的祕密花園」。台灣第一頭掛上無線電追蹤頸圈的黑熊，就是在大分誘捕到的。

根據美秀之前在大分採集的黑熊排糞和毛髮，她研判每年冬季大約有幾十頭黑熊在那兒出沒，但青剛櫟結果量會影響黑熊報到數量，所以，每年十一月至翌年二月櫟實成熟期間，她會帶志工進入大分做調查。但此行任務比較平凡，主要是協助架設陷阱、蒐集熊毛、調查熊跡（如爪痕、足跡、排糞等）和清點地面落果等，不像以前要不眠不休監測戴頸圈的黑熊那般搏命。

誠如美秀所言：「這一生中如果有機會，我要做一些一輩子都會懷念的事。」所以，我自忖有過輝煌地踩到狗屎經驗，一定足以勝任——撿熊糞。

除了青剛櫟，美秀說黑熊也吃狹葉櫟、鬼櫟、山胡桃、山蘋果、大葉楠、山枇杷果實，沿途若遇到就指點我看，偶而，也用望遠鏡觀測山谷中的樹冠層，看看有沒有一叢枯葉斷枝——黑熊爬上

啄食火炭母草嫩葉的藍腹鷴（台灣特有種）。

在一戶布農家屋遺構中發現了鏽蝕的刀鋤和破碗、酒瓶等。

途中有不少根日警殉職紀念碑，不時提醒發生過的歷史悲劇。

被布農族拿來包飯糰（阿拜）的假酸漿葉開花了。

去把樹枝拗彎過來覓食的座台，但不明就裡的人會以為是大鳥巢。

「我覺得鬼櫟比較好吃！」當我聽到美秀這樣說，突然想起她在《黑熊手記》中試吃青剛櫟的食評：「我試吃了一口，隨口噴出，味道苦澀，如生芭樂。」嗯，非常博物學家精神，走到哪裡吃到哪裡。

接近山風一號吊橋時（0.8K，海拔六〇〇公尺），美秀指出某棵櫸木樹洞有好幾處抓痕，是黑熊攫取蜂蜜的傑作，若不是她的導引，我也是視而不見。不過，玉管處「小心黑熊」告示牌我倒是沒錯過，在佳心（4.5K，海拔八二〇公尺）和黃麻二號橋（7.7K，海拔九一〇公尺）各有一根，繪聲繪影，卻沒有「小心螞蝗」、「小心虎頭蜂」告示牌那樣嚇人。

本以為瓦拉米步道走動較多，野生動物較少，但美秀不時指出獸徑和蹄痕，我才發現生機蓬勃，只是早我們好幾十步就悄悄閃避了。她還教我辨別山羊和水鹿的蹄痕，觀察藍腹鷴、深山竹雞微不足道的爪痕、啄痕，還有黃喉貂和白鼻心在岩石上的排遺等，很細節，不像我只能辨識山羊、山羌和獼猴的排糞，不過，山豬拱痕倒是頗易辨認，路上的坑坑洞洞多是牠們吃地下根用鼻子拱出來的，一片狼藉的姑婆芋即是，難怪，獵人要設陷阱在姑婆芋底下。

第二天清早，我們走在迷濛霧雨中，蕨類更見茂盛，縮羽金星蕨掩徑，有些路段幾乎淹沒了，讓我內心更加忐忑，因為美秀曾在這一帶追蹤黑熊，有次還在山陰（20K，海拔一六〇〇公尺）的步道旁，意外發現黑熊做的芒草窩。

「水鹿便便！」感覺還在冒煙，美秀研判剛走不久，果然，到了美托利（16K，海拔一二九五公尺），等在那兒的阿德說看到幾隻水鹿往高處竄走。

誠如美秀所言：「這一生中如果有機會，我要做一些一輩子都會懷念的事。」

黑熊善於爬樹找果實吃。（黃美秀 提供）

美秀在大分，意外發現黑熊做的芒草窩。（黃美秀 提供）

美秀察看樹洞，看看是否有黑熊攫取蜂蜜的抓痕。

我們在此等候趕來會合的玉管處巡山員林淵源——也就是《黑熊手記》中不斷提到的布農族「大哥」。我對他仰慕已久，二十年前曾從劉克襄〈蕨路〉得知他「眼神堅毅如野豬之凝視」、「東海岸最著名的獵人」。

但我對大哥的深刻印象來自某支紀錄片，對著中央山脈呼喚（我稱為「布農式詠歎」）——起初寬厚、磅礡，繼之抑揚頓挫，然後化成一股陣風在山谷間迴轉，彷彿要將人帶往一個神祕的地方。我們等了好一陣子後，阿德對著山谷呼喚，不知是否心有靈犀，竟然有了我們期盼的回呼，像漣漪般擴散到每個人心坎……大哥快到了。因為八通關古道東段是布農族的傳統領域，讓他有一種我們無法理解的異能，輕易奔馳在崇山峻嶺間，例如古道上有好多路段被坍方吃掉了，他總有辦法覓路銜接，暢行無阻。

事實如此，稍後幾天，我跟著志工淑瑩踏查失落的「華巴諾砲台」（海拔一九三〇公尺），即根據大哥的回憶摸索上去，不過，那又是另一個「算我命大」的探險故事了。古道幾乎完全佚失，攀登過程險象環生，但駐在所建築群尚稱完整，速射砲、砲庫、酒吧、酒瓶都還在，不像其他遺址只剩駁坎。

我一等到大哥，即趁機請教當年克襄尋找未竟的「瓦拉米」到底是什麼稀有蕨類？克襄問到「不是腎蕨」，我問到「不是鳳尾蕨」，但沿路探問仍找不到，看來克襄的不解之謎，只好留待後繼了。

我們陸續經過多土哀、山陰、卡雷卡斯、十里、三四溪、石洞等駐在所遺址，我想起先前在《八二粁一四五米》書中，看過許多幅駐在所日警與家眷合影的老照片，但不知這些小人物的命運如何？我在遺址，看到最多的遺物通常是清酒瓶，可想見日子是如何打發的。

傍晚越過石洞溪後下起雨來了，我們危危顫顫摸黑前進，直到抱崖山屋（27K，海拔一六二〇公尺）才鬆一口氣。來之前，即聽聞此地——依霍霍爾溪（拉庫拉庫溪支流）源流區——極為濕冷，是夜果然冷沁骨髓，教人吃不消。

臨睡前，我赫然發現小腿肚，不知何時給咬了個小傷口，才想起今天在美托利，曾抖落三隻吸血螞蝗，所以，我將今天走的十四・三公里路（瓦拉米至抱崖）稱為「螞蝗之路」，以資紀念。

幸好，隔天轉晴了，不然往大分的後半段路，將是「蜀道難難於上青天」。途中，美秀聊到博士論文期間，捕捉繫放的十五隻黑熊中，有一半以上曾誤中獵人陷阱而斷掌斷趾，讓她決心投入黑熊保育，但經費尋求困難——我不會驚訝，因為我們的社會太重視眼見為憑（就像媒體重視影像），對於「看不到」或「不易看到」的野生動物，如黑熊、石虎、雲豹、食蟹獴等，吝於關注，即使黑熊是台灣的野性象徵、指標性旗艦物種。

所以，美秀希望透過黑熊保育，喚起社會關注野生動物，才讓黑熊有了蓬勃生機。如果我們願意為「看不到」的野生動物做些事，才能說真正做到保育。

古道愈來愈好走，抱崖、櫻、石洞三座吊橋像驚嘆號般吸引我們駐足，過了新康登山口後，美秀和大哥留在八號停機坪拍攝紀錄片，我則隨著布農挑夫繼續踏著松針地毯，走過嚴戶棧橋和新康吊橋，不知不覺，來到松林中的「多美麗」（33K，海拔一八一〇公尺）——日語「十三里」（Tomiri）的讀音，意為「距離玉里十三日里」（五十一公里多）。

我像《法櫃奇兵》中的印第安那・瓊斯，帶著「找到失落古文明」那般興奮穿梭其間，只見板岩、頁岩堆疊的駁坎牆，老樹盤據，樹根纏繞，可惜建築群已然消失，變成一座空洞的城垛。

接下來，是挑夫的夢魘。因為前頭有魯崙和哈哈比兩個大崩壁，導致環山腰古道完全崩失，所以，必須高繞翻越多美麗山與儒潤山間的鞍部黑森林（海拔二一一八公尺），再下切至一三二〇公尺處接上古道。換言之，接下來四公里，我們要陡上二百五十公尺，再下切七百六十八公尺，路程之嗆，不是肩背十多公斤的我可體會，除非我也換上他們的四十公斤——其實我試過，一吋都動不了。

他們要我走前頭，以免彼此干擾步伐節奏，我只好硬著頭皮獨行密林中，學山羊走路緩步攀升，過了一陣子，愈走愈不安，想說看看他們走到哪兒了，一轉身，才驚覺剛剛簡直是飛簷走壁嘛。我的雙腳微微痙攣，不見底下人影，只好呼叫一聲報平安，幾乎同時，一隻不知名的鳥突然啪搭啪搭掠過我頭上，差點把魂魄嚇出了竅。喘口氣吧，我泡了杯咖啡，安撫驚魂。

當我氣喘吁吁爬上稜線時，無意間看到一台紅外線自動相機，此後不免熊影幢幢，許多驚險畫面閃過腦際，幸好一路有驚無險，直下溪谷，但一時失神，沒留意山徑越過溪床，竟直接下行，直至險潭急瀑擋路才趕緊衝回。

好不容易，回到古道上了，遠眺哈哈比那端，果然看到一片光禿禿的大崩壁。不修路也罷。我們長久以來被教育人定勝天，但事實擺在眼前，就算勝得了今天，也勝不了明天。

再走不久，大分吊橋在望。我站上吊橋，俯瞰激流奔竄的闊闊斯溪（拉庫拉庫溪源流）竟難掩激動，十年前閱讀《黑熊手記》嚮往的地方就在眼前了。所以，與其說我在尋熊，不如說我在尋夢——終於，我要在黑熊作夢的地方作夢了。

沿著青剛櫟林立的駁坎坡道，一路直奔，穿過殉職者之碑（第一階平台）、大分事件紀念碑（第

在迷霧中踏過石洞溪。

在大分烤火時，水鹿群悄然掩至附近偷聽故事。（黃美秀 提供）

被劉克襄形容為「眼神堅毅如野豬之凝視」的林淵源大哥。

看到黑熊爪痕，讓我毛髮直豎，懷疑熊就在周遭。

二階平台）、大分小學和蕃童教育所遺址（第三階平台），終於抵達駐在所遺址上的大分山屋（第四階平台）──黑熊研究站。蒼天不負苦心人，門牆上那棵老梅依然燦爛，歡迎我的到來。今天從抱崖（卓溪鄉卓清村清水 101-6號）走至大分（101-7號），門牌差一號，竟然走一天（十・五公里）。若我寄信到大分給美秀，不知郵差肯不肯送？

傍晚，布農朋友起了火堆，邀我和志工們一起烤火，等待美秀和大哥來說故事，直到大熊星座高掛夜空。可能故事太有趣了，台灣特有種水鹿群悄然掩至林下偷聽。

「下次來我家，我殺牛～請你！」阿德說。

我嚇一大跳，哪擔得起這份盛情，趕緊說：「不用不用，我們去外頭吃牛肉麵就好了。」沒料到，他卻瞪著大眼說：「大哥，你誤會了，我殺的是～蝸牛！」

哭笑不得。遙想當年協助森丑之助、鹿野忠雄以至今日古道學者楊南郡的布農嚮導們，是否也如此幽默？

啊，旅行說穿了，就是築夢的過程。現在我們相聚的地方，未來也是我們思念的地方。我們這群作夢者，因追尋黑熊的夢想而邂逅，所以，沒看到黑熊又怎麼樣？那一晚，我們就是大熊星座。

「有看到熊嗎？」返回台北後，朋友關切地問。

起初，我不知如何回答這種「勢利」問題，但想到上華巴諾途中，撞見某棵樹幹有一排清晰的黑熊爪痕，讓我毛髮直豎，懷疑熊就在周遭，便答說：「沒看到，但我相信──牠們有看到我。」

尋蘭記

路線：南庄→苗21鄉道→鹿場部落→一葉蘭生態農場→產業道路→加里山登山口→風美溪谷→九號救援樁→一葉蘭區域

尋找野生蘭，是我近幾年隨登山而來的興趣，本來只是找找野花分散疲憊感，卻在合歡越踏查途中意外撞見了小喜普鞋蘭，從此墜入野生蘭世界。

而且，我很幸運，有一位像福爾摩斯般眼光銳利的朋友劉鴻文指引我，讓我免於大偵探之譏：「你有看見，但你沒有觀察。」（You see, but you do not observe.）

的確，有時蘭花近在眼前，卻因欠缺觀察，所見只有一片綠，入寶山空手而返。為了免於把蘭花當雜草看，我還研讀林維明的《台灣野生蘭賞蘭大圖鑑》。

有次前往尖石山區尋找黃根節蘭途中，鴻文急踩煞車，原來道路右側岩壁上垂下來一串盛開的台灣凡尼蘭，真是踏破鐵鞋無覓處——由於花期不定，有緣目睹的人不多，前陣子在烏來山區有尋到，卻沒開花，現在卻唾手可得，幸好，我們只是好「攝」之徒，站在車頂拍拍照即離去。

其實，香草冰淇淋中的「香草」，即由凡尼蘭莢果提煉出來，但台灣凡尼蘭香料含量低，沒有量產價值，不像在墨西哥，凡尼蘭的栽培是很重要的香料產業。

所以說，尋蘭好比買樂透，中獎率極低，卻讓人充滿希望。因為台灣原生蘭花經過數十年濫採和山區過度開發，幾乎蕩然無存，只剩人煙罕至的山林，尚有機會一睹，這也是我往偏僻山區走的原因。

新竹山區，即是蘭花界的寶山，除了具觀賞價值、稀有的黃根節蘭，我還找到烏來石仙桃、馬鞭蘭、鶴冠蘭、大武斑葉蘭、竹柏蘭、細點根節蘭等多種，可惜不是未開就是快謝了，但大前年春節期間在霞喀羅古道，我卻遇見清香迷人的細葉春蘭到處綻放。

但要「遇見」野生蘭花可不容易，不論地生、石生或附生樹幹的蘭花，常隱匿於人為干擾少的密林陡坡或山澗旁孤芳自賞（就像尋蘭的人），所以尋蘭有其風險，如毒蛇、毒蜂或失足跌落，至

尋蘭好比買樂透，中獎率極低，卻讓人充滿希望。

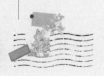

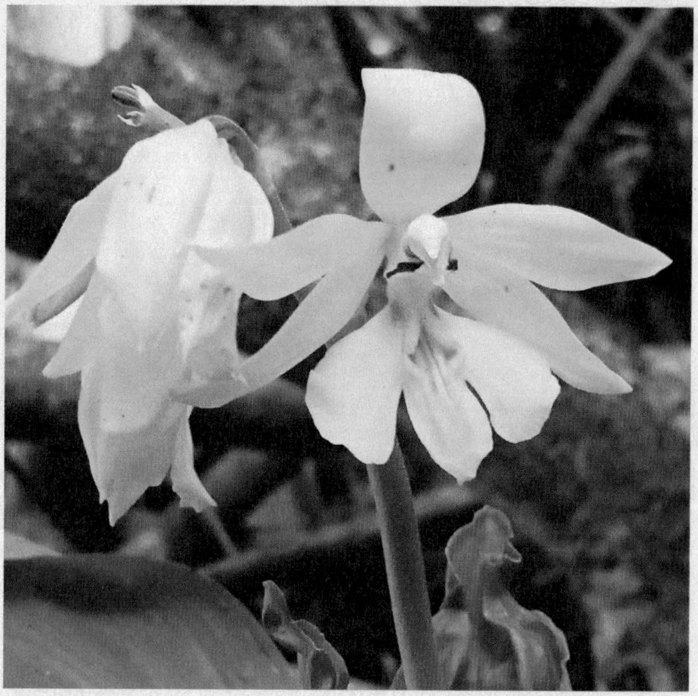

黃根節蘭

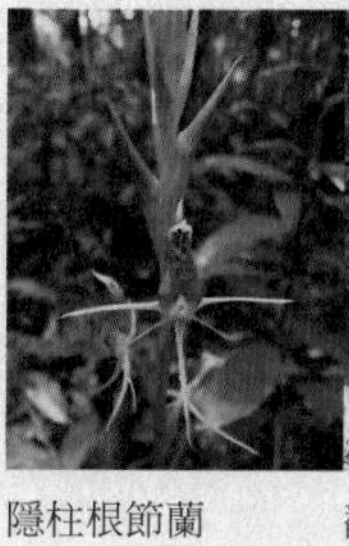

隱柱根節蘭

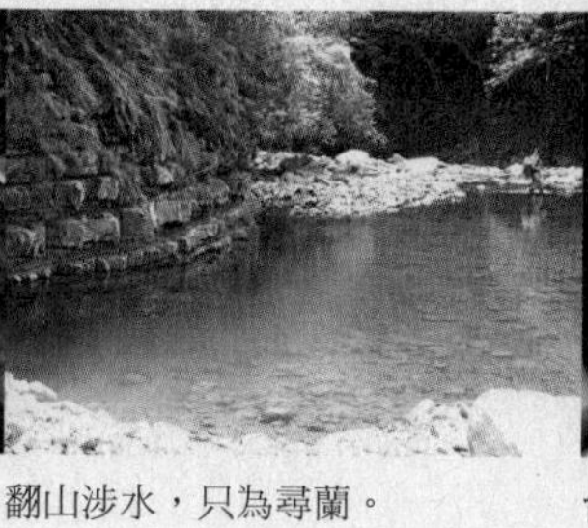

翻山涉水，只為尋蘭。

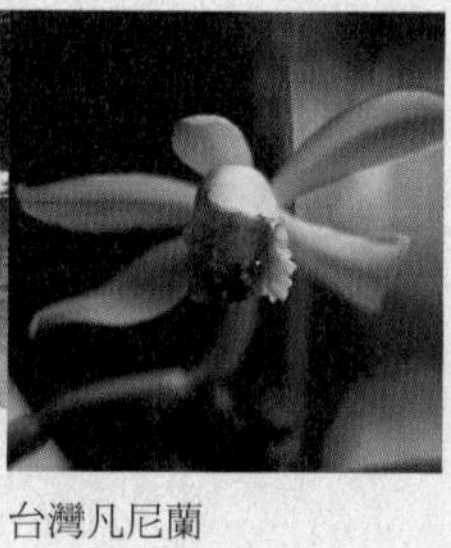

台灣凡尼蘭

從霞喀羅古道遠眺野生蘭的寶山。

於黑蚊、血蛭，我們是不放在心上的。

在尋蘭過程，雖然常常抓到「槓龜」，也不能說毫無所獲，或多或少都可遇見一些難得一見的原生或特有種植物，如台灣胡麻花、八角蓮、血藤、台灣鳶尾花、七葉一枝花、水晶蘭、蓪草、槲蕨等——這些都是我在新竹山區遇到過的。

按我的經驗，最容易一睹野生蘭的地方，在苗栗南庄加里山（海拔二二〇〇公尺）。每年三、四月間，從登山口（海拔一四〇〇公尺）進入約 0.6K 處起，即會陸續遇見盛開的翹距根節蘭、馬鞭蘭（狀如國劇馬鞭而得名），所以，一邊走一邊尋花的我，就像蜜蜂採蜜走走停停，絲毫不覺沉悶、辛苦，輕輕鬆鬆即晃到了四號救援樁（約 1.8K，海拔一六六九公尺）前的林務局廢棄鐵皮屋（休息站）。

不知誰的貼心，沿途設置了有編號的救援樁，設想有人求救時，可準確報出所在吧。過了八號救援樁（2.6K），已推進到二千公尺，進入亂石區，有時還需攀繩攀岩，而我也愈來愈忐忑，因為九號救援樁後，即是山友傳說的一葉蘭區了，不知開花了嗎？我會不會來晚了？或來早了？

我開始拉長脖子搜索，行經一處夾道巨岩時，心血來潮抬頭一看，竟然在右側山壁高處發現了小群一葉蘭；緊接著，又在下一個巨岩頂端看到一些，可惜離我皆遠——它們在我的隨手拍畫面中簡直就像豆芽菜——但我不死心，繼續往上走，充滿期待。不過，接下來的山徑都要手腳並用，幸好難度不高，很快就在一處陡坡給了我意外驚喜——森氏杜鵑開花了，燦爛極了。歇息一下吧。就在我閃入灌叢小解時，突然，瞥見右腳旁有二株一葉蘭，啊～～我一時狂喜，差點尿液逆流。

一般說來，野生一葉蘭都長在峭壁上，但老天太眷顧我了，竟給了我「觸手可及」的驚喜，我顫抖地掏出手機，屏息拍照，唯恐它們飛走似的，不敢聲張。

台灣一葉蘭

苗栗加里山的一葉蘭岩壁。

馬鞭蘭

尋蘭過程常有意外發現：
八角蓮開花了。

細葉春蘭

一葉鍾馗蘭

然而，就在起身時，我又瞥見山徑底下的峭壁，竟然密密麻麻長滿一大片，就像一葉蘭壁毯，讓我更興奮，好像阿里巴巴找到了寶藏。但也不是每回尋蘭都這麼輕而易舉。有次據報前往恆春半島，尋找俗稱「台灣阿嬤」的台灣原生種蝴蝶蘭即灰頭土臉。

「台灣阿嬤」來自學名 Phalaenopsis Amabilis 中 Amabilis 前兩個音節，加上許多新品種都是由它交配而來，讓這個暱稱更具深意。但後來，有人發現台灣蝴蝶蘭比東南亞的蝴蝶蘭花朵更大些，遂更名為 Phal. Aphrodite，並取其諧音暱稱為「台灣阿婆」，因為「阿芙羅黛蒂」（Aphrodite）是希臘諸神中最美的愛神，但台灣阿嬤已被叫慣了。

由於台灣阿婆曾連續兩年（一九五二～五三）在國際蘭展奪冠，因而被大量採集幾近絕跡。所以，想要目睹野生台灣蝴蝶蘭，在今日可謂緣木求魚，即使我老爸種了一輩子蘭花，還蒙總統府頒發「終生奉獻獎」，也沒見過，而我卻憑著一股傻勁追到恆春半島的原始林祕境了。

「本生態保留區常有毒蛇、猛獸及毒蜂出沒，請勿進入以策安全　墾丁國家公園管理處製」當我們沿著溪澗深入「熱帶雨林」時，一塊字跡斑駁的木牌這樣寫著——猛獸？難道在說我們？

此地地形複雜，有丘陵、山谷、溪流、草原、湖泊等，加上落山風特殊氣候，林相紛呈，具備暖溫帶、亞熱帶與熱帶雨林共存的特殊景觀，被學界稱為「植物壓縮效應」。

我們在有夠變態的U型山徑（村民騎機車騎出來的溝渠）蹣跚前行，只要一不小心，雨鞋即陷入泥漿動彈不得，雖然山嶺不高（海拔三七五公尺），卻踩了四公里才上達稜線。

幸好，皇天不負苦心人，眼尖的鴻文在灌叢中，發現了此行第一株蘭花——芳線柱蘭，顧名思義，像一炷香，炷頭花朵細到難以聚焦，隨後，在周邊又找到數株。

小鹿角蘭（台灣特有種）

齒唇羊耳蒜

有一說綬草（攀龍草）是胡適寫的「蘭花草」？

我們循著獵徑，在充滿瘴氣的幽暗雜林行走，汗珠如噴泉，偶而傳來冠羽畫眉、猴群叫聲簡直就像訕笑，還不知要走多久呢，依線報，我們必須下到溪谷溯源而上，才有機會目睹。

但我們也沒忽視這裡是蘭花棲地，沿途搜索，果然，在一條山澗旁，發現了好幾株盛開的齒唇羊耳蒜。老實說，要不是刻意尋找它的花柱（黑紫色萼片托著一個寬大的草綠色唇瓣），一定會與這個台灣特有種蘭花錯身而過。

終於穿出密林，我們下降到一條不知名的溪谷。有經驗山友皆知，走磊磊溪床比走山徑還難，沿途要跳上跳下繞來繞去，避開湍急溪流和深潭，虛耗不少氣力。稍堪告慰是，流水樂章淙淙悅耳，青帶鳳蝶、豹斑蝶、玉帶鳳蝶不時飛來作伴，偶而還會竄出海蟑螂、石龍子、日本樹蛙嚇人一笑。唉呀，要不是趕時間，應該邊走邊玩的，逗逗水中魚蝦，瀏覽沿岸山壁的蔥蘢疊翠，流泉飛漱，褶皺紋理，風光旖旎得令人流連。

在某處灘地，我們碰到一棵可能是前些天大雨沖下來的樹木，被蕨類和苔蘚緊緊包裹，但我們知道那是寶，趨前一看，果然，附生著好幾株金釵蘭和恆春羊耳蒜（紅鈴蟲），可惜尚未開花，但它們遲早也會枯死，真是紅顏薄命啊。

不知曬昏了或一時大意，竟然走過頭了，差點走到出海口，白走了一個多小時冤枉路。當我們回頭找到線報點拐進去，即陷入原始氣息中，腳底溪石長滿青苔，眼前盡是交錯的鴨腱藤，讓我們彷彿穿梭在蜘蛛網中，更糟糕是，赫然出現一座五、六公尺高的湍流瀑布，但我們不知哪兒來的勇氣，想必是臨老入花叢，讓休眠的春情發作，竟然硬著頭皮爬上去了。

再沿著溪流蜿蜒而行，過程是不停地跳石、涉溪、撩水，有如身在越戰叢林，搜索兩旁巨大的

鴨腱藤交錯橫生，瀰漫原始林氣息。

千辛萬苦，終於在恆春半島山區找到台灣原生種蝴蝶蘭「台灣阿婆」。

樹木枝幹，是否有台灣阿婆，因為三、四月正是花期。

找了許久，也找到線報的那棵大樟樹，用長鏡頭吊來吊去，都沒發現蘭蹤，鴻文研判可能被抄走了，只好垂頭喪氣回頭。

不過，鴻文尚未死心，途中遇見幾棵大樟樹橫生陡坡上，就像猴子般爬上去，突然間，我聽到大呼小叫，趕緊追上去，啊，皇天不負苦心人，他終於找到了——只見一根老幹上，長著十幾株台灣阿婆，好幾株都開花了，其餘的含苞待放。就在此時，一隻大白斑蝶振翅飛來，剎那間，我真的以為那是阿芙羅黛蒂幻化而來，像魂牽夢繫的情人投入懷抱，更像一場夢。

我們連拍好一陣子，就像為情人拍照那般，充滿敬意，不敢有非分之想爬上去一親芳澤，聞聞傳說中的王者之香——啊，阿芙羅黛蒂，請讓我帶走一點香氣，藏在心底吧。

回程，我一邊哼著〈蘭花草〉，一邊想著胡適，當年三十歲的他，到底在什麼樣的心情下，寫了這首詩？這株他從北京西山帶回家的蘭花草，又是什麼樣的「蘭花」呢？

有考證說是「綬草」（攀龍草，又名「清明草」），但西山能生長蘭花嗎？亦有說是「細葉蘭花參」（桔梗科，又名「蘭花草」，但與蘭科無關），不過，這已不重要了，重要的是，當我們朗誦這首詩、唱這首歌時，心中充滿「希望」，正是這首詩的原名和作者本意吧。

我從山中來　帶著蘭花草　種在小園中　希望花開好
一日望三回　望到花時過　急壞看花人　苞也無一個
眼見秋天到　移花供在家　明年春風回　祝汝滿盆花

遇見寬尾鳳蝶

我想將美的東西獻給天主！

路線：竹東→122縣道→五峰→大鹿林道→觀霧國家森林遊樂區→大鹿林道東支線→清泉部落→清泉溫泉→張學良紀念館→三毛夢屋一號（三毛紀念館）→清泉天主堂→三毛夢屋二號（清泉山莊）

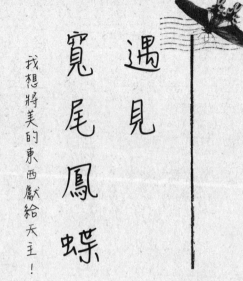

突然間，有隻蝴蝶像卡門炫舞般掠過我眼前，一溜煙往高處飛去，我瞪大眼睛，不敢置信——我看到寬尾鳳蝶了。

今天早上，我沿著大鹿林道東支線漫步，想一睹寬尾鳳蝶，但運氣不佳，蹉跎了好一陣，仍不見蹤影，只好回頭。走至1.5K處，正欲拍攝一隻繞著黃苑飛舞的紅邊黃小灰蝶，竟然驚動了靜悄悄在有骨消花叢上吸蜜的寬尾鳳蝶。

果然，寬尾鳳蝶兩個寬大的尾突，像燕尾服般特別引人注意，難怪早期也稱為「大燕尾蝶」。實際上，寬尾鳳蝶少之又少，牠的幼蟲僅吃稀有的台灣檫樹葉（類似珠光鳳蝶幼蟲僅以港口馬兜鈴為食草），以致難以繁衍。

出發前一日，我打電話給雪霸國家公園觀霧警察小隊，詢問路況和蝶況，值班員警還說：「我調來好幾年了，也才看到一次……」

的確，當寬尾鳳蝶在一九三六年被發表時，學界也不過才發現五隻而已，其學名Agehana maraho中maraho源自泰雅語「大頭目」（Malahu），想必用來形容牠的丰采。目前被列入一級保育瀕危物種，有「國寶蝶」之譽。

所以，想要看到寬尾鳳蝶，檫樹是最好的觀察指標。這是我在大鹿林道東支線3K晃的原因。這裡有大片檫樹林和山澗，形成良好的棲息環境，而且，七至九月正好是牠們的羽化期。

但我也不是那麼專心尋找，因為海拔二千公尺的大鹿林道東支線，生態亦相當豐富，像2.3K的指示牌指出，此地有台灣特有種之觀霧山椒魚，似乎暗示我周遭山澗值得關注、搜尋。

很難以想像，山椒魚比恐龍還早一億年出現在地球上。本來這種有尾巴的兩棲類，只分布在西

寬尾鳳蝶也稱為「大燕尾蝶」，被列入一級保育瀕危物種，有「國寶蝶」之譽。

台灣特有種之觀霧山椒魚與櫻花鉤吻鮭同為「冰河孑遺生物」。

伯利亞等地，但在台灣還與亞洲大陸連成一片的冰河期，可能越過了「東山陸橋」（台灣海峽前身）移到台灣，不料，一萬年前冰河消退、海平面升起後回不去了，只好遁往高山，與櫻花鉤吻鮭長留台灣，成為「冰河孑遺生物」。

我踽踽獨行，一早上除了與六位攀登大霸尖山的山友擦身而過，沒遇到其他人。大部分遊客都往檜山、榛山和觀霧瀑布走，才讓我獨享了脫離塵世的況味。我一面觀察野花莓果和蝴蝶，一面遠眺層巒疊嶂飛瀑，沿途灰林鴿、紅頭山雀、白耳畫眉、藪鳥紛紛來打招呼，台灣特有亞種紅胸啄花鳥「滴、滴、滴」地嬌叫著，冠羽畫眉更是一路「吐~米酒」叫不停——大概看我步履緩慢，以為我醉了，沒錯，在這條美麗林道，不用喝酒也會醉。

不過，天氣變化也真快，剛剛還是大晴天，轉眼間卻雲霧繚繞、霧裡看花了，對面山頭消失在白茫茫中，天色也倏地轉暗，還沒回到0.4K管制哨，豆大雨滴就敲我頭了。

緊接著，雷雨交加，打消了等放晴的念頭，心想到清泉部落洗溫泉好了，趁機逛逛張學良紀念館、三毛夢屋。

一九四六年十一月，不知誰出的點子，將張學良和趙四，從重慶押送到這兒，幽禁十三年。在張學良長達五十五年的軟禁歲月裡，換過十幾個地方，但這裡待最久。

紀念館中有許多家居照，像趙四縫衣、餵雞、種菜等，不知是否用桌上那台古董相機拍的？還有一封鎖在展示櫃、原配于鳳至寫給趙四的「讓夫信」，讀來令人動容。我認為是裡頭最值得一看之物件。為了成全張學良當基督徒，不能同時有兩位妻子，不得不黯然「離婚」。

但真正的故居不在紀念館，而是上坪溪畔的遺址——一九六三年被葛樂禮颱風摧毀，現在圈起

在大鹿林道東支線這條美麗林道，不用喝酒也會醉。

紅胸啄花鳥「滴、滴、滴」響亮地叫著。（傅宏仁 攝影）

紅頭山雀（傅宏仁 攝影）

山澗密布的大鹿林道東線。

生長於中海拔之台灣特有種台灣羊桃。

短肢攀蜥（台灣特有種）

來當紀念公園。裡頭有塊「釣魚岩」擺了一枝釣竿，典故來自：張學良曾上書蔣放他，蔣回贈他一枝釣竿。不言可喻。

霞喀羅溪流到清泉部落，改叫上坪溪，再流到竹東與來自尖石的油羅溪匯合後就叫頭前溪，從南寮出海。由於溪水尚未汙染，溪魚種類頗多，有溪哥、苦花、石賓、卷仔、烏鰡、鱸鰻、狗甘仔、一枝花等，因此被視為溪釣祕境。

稍後，我來到三毛夢屋——其實是一間小紅磚屋。位於懸崖上，隔著溪谷，面對清泉天主堂，風景果真如三毛寫的「好一片景色如畫」。

住堂神父即大名鼎鼎的三毛好友丁松青。他們結緣在蘭嶼，重逢在台北，後來三毛幫他翻譯《蘭嶼之歌》、《清泉故事》而來到清泉，不知何故，看上這棟被棄置的紅磚屋，便央求丁神父租下來，讓她完成一個「給小王子等待朋友的地方」的夢想——不意外，像許多人一樣，三毛最愛的一本書就是《小王子》。

丁神父租了三年，一九八三至一九八六，期間三毛不曾住過，後來在聯合副刊寫說要開放給大家住：「歡迎分享小王子的星空，在各位渴望回歸大自然的情況下，請各位利用這一棟我不能享用一日的房子，做為大家的家園……」

果然，許多讀者聞風而至。包括二十多年後遲到的我。

現在，屋主將夢屋布置成三毛紀念屋，展覽她的作品和生活照，還播放她作詞的〈橄欖樹〉、〈夢田〉等歌曲，令人徘徊流連。

我很喜歡裡頭一張三毛素描畫：清泉天主堂的廚師，隔著溪谷，呼叫夢屋這頭的小王子去吃

三毛夢屋讓她完成一個「給小王子等待朋友的地方」的夢想。

夢屋前的肖楠樹下是三毛眺望天主堂的地方。

三毛與丁松青神父合影。(下方資料:邱一新 翻拍)

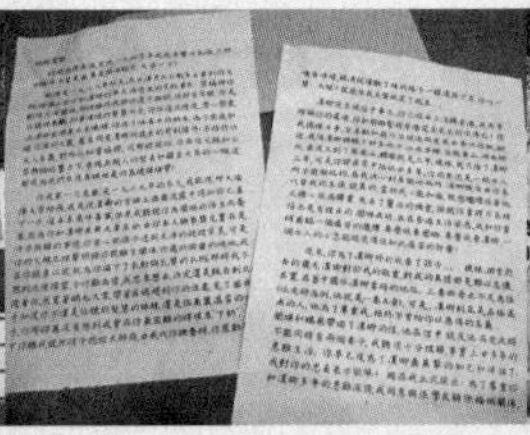

于鳳至寫給趙四的「讓夫信」,是張學良紀念館最值得一看之物件。

展示在張學良故居遺址的老照片,風吹日曬後成為斑剝的歷史。

飯……（三毛年輕時曾向「五月學會」的顧福生、韓湘寧學過畫。）

在畫中，三毛想必將自己化身為小王子，拿著玫瑰坐在夢屋前懸崖上，與屋頂上的狐狸，一起瞭望溪谷風光。

我詢問屋主，天主堂有讓旅人借住嗎？因為三毛曾在天主堂作夢、寫夢，影響了許多旅人。他說丁神父在教堂旁建了一棟「三毛夢屋二號」（清泉山莊）給遊客住，所得用來幫助部落孩子旅外求學。於是，在他指點下，我沿著環山步道，走過吊橋，來到天主堂，悄悄地走入三毛的夢境。

我在教堂內外走動，很期盼會跑出來個阿兜仔，問我：「你在找什麼？」

「我在找……」我正思忖碰面時該如何回答，卻跑出來個超友善的泰雅少女，為我導覽天主堂，還安排我住進清泉山莊，說丁神父在忙，但歡迎我參加明天早上的望彌撒。

天主堂頗有味道，我沐浴在穿透鑲嵌玻璃的光芒中，剎那間覺得自己也被穿透了，彷彿聖靈澆灌。少女說，教堂內外的鑲嵌玻璃、壁畫、木雕，還有籃球場上的馬賽克壁畫，皆出自丁神父手藝，但我知道他還會作曲、作畫、寫作，非常多才多藝。

出生於一九四五年的丁神父，來自美國聖地牙哥，十八歲進入耶穌會神學院就讀，一九七六年奉派清泉天主堂，從此落腳在清泉部落。他讓我想起台東長濱天主堂的白冷會神父吳若石。

從某個角度來看，丁神父與張學良、三毛就像寬尾鳳蝶，都是稀有的台灣特有種，但很大不同的是，後兩者在清泉只是過客，某種程度還被標本化、商業化，但丁神父卻以這裡為家。

祭壇左側，掛著一尊斷臂斷腳的耶穌像。我在西班牙看過許多耶穌受難像，都沒這尊悽慘——少女解釋：雕像屬於上一座天主堂，後來被葛樂禮颱風沖走了，但奇妙的是，竟然在外海被漁民撈

丁神父與張學良、三毛就像寬尾鳳蝶，都是稀有的台灣特有種。

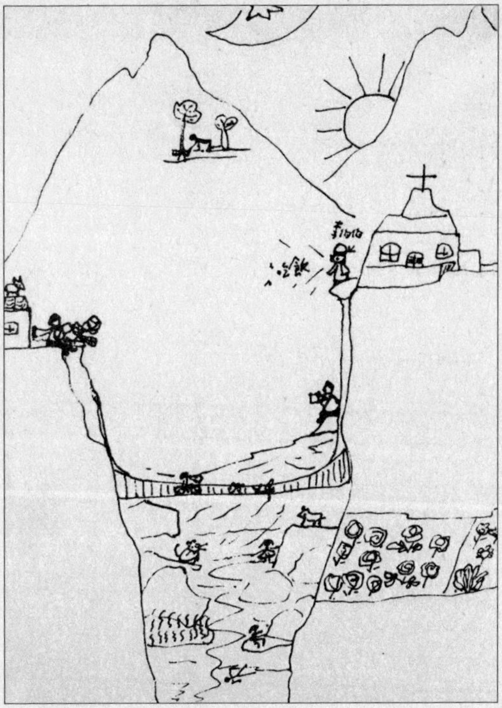

三毛素描畫：清泉天主堂廚師，隔著溪谷，呼叫夢屋這頭的「小王子」去吃飯。（邱一新 翻拍）

三毛夢屋隔著溪谷，面對清泉天主堂。

獲，可是手腳都斷了，修補後以「受難的基督」重新掛上新天主堂。

黃昏時，我去泡溫泉，意外坐擁了整座溫泉池。望出去，群山環繞，吊橋像一簾幽夢掛在溪谷上，令人心曠神怡而忘卻時間流逝，我待了許久，直至《小王子》說的：「所有的星星上都好像開著花……」

我望著星空，驚覺以前怎麼都沒發現星星「開著花」呢？那一晚，我想起好多人，他們是我生命中的「玫瑰」、「狐狸」、「蛇」……

隔天一早的彌撒，來了許多部落小孩，場面非常溫馨。

「耶穌很喜歡小孩，祂就像你們的大哥……」「耶穌就像 7-11，二十四小時不休息，隨時等待你們，要幫助你們……」突然間，我覺得丁神父跟他們說話的樣子，好像跟小王子說智慧語言的那隻「狐狸」，而彌撒是他們之間的「馴養儀式」。

我趁買書時恭維丁神父多才多藝，他卻說：「我想將美的東西獻給天主！」

啊，從他的笑容中，我彷彿看到基督的面容。或許，旅行就像小王子說的：「眼睛是什麼也看不見的，應該用心去尋找！」

當個泰雅獵人

路線：羅東→大同鄉崙埤村→中嶺越嶺道→哈盆越嶺道→福山村→馬來

R.O.C.
11.303

泰雅獵人阿雄在山裡獵到一隻山羌，喜孜孜返回部落時，卻遇到臨檢：

「為什麼打山羌呢？」警察質問。

「我沒打『三槍』啊，我只打了一槍！」阿雄不知故意，抑或聽不懂，換到四萬元罰單，讓他打了好久的零工才還清。

我問他，一隻山羌能賣多少錢?沒想到，他卻正色說：「我是打來吃的，不是打來賣的。」

原來，阿雄堅持做泰雅族「傳統獵人」，獵物只打來與族人分享，不賣的。而他所謂的「傳統」，亦即遵守「祖訓」（gaya）——就像入山，一定會在獵徑入口獻酒，祈求祖靈帶來獵物、保佑平安，歸來時，也要在同樣地方，感謝祖靈賜予。

而且，阿雄只有做了「好夢」才會上山打獵。因為泰雅獵人有「夢占」習俗，認為獵到什麼，祖靈會以各種意象來托夢。像他，如果夢到穿紅衣紅鞋的酒醉女人來拉他，吵著要跟他回家，就表示會獵到山羊或水鹿，如果夢到怪手挖土或山崩，就表示會獵到山豬，但絕不能說出來洩漏天機，必須若無其事出發。我聽了很不好意思，因為從來記不住晚上的夢。

從阿雄家中堆放的野獸頭骨，我猜他常常作「春夢」——他不願多說，怕漏了口風又接罰單，但提到山豬就得意了，他打過八十多頭，因為山豬不好獵，嗅覺敏銳，聞到人味就逃之夭夭了，所以，獵人多用陷阱誘捕，再用獵槍致命一擊。

我在宜蘭大同鄉崙埤村的阿雄家中，看到木槍、長矛、魚槍、魚筌、鋼珠獵槍、弓箭等，還有黃藤編織的背簍、山羊皮衣、山羌皮衣、檳榔包、竹菸斗、背新娘的椅座等，都是他在山裡就地取材，再從父親或長老那兒學怎麼打造的。這些技藝本來人人都有的，現在卻瀕臨失傳。所以，宛如一間

阿雄堅持做泰雅族「傳統獵人」，獵物只打來與族人分享，不賣的。

阿雄與弟弟獵捕到的山豬。

小型文物館的家就更彌足珍貴，成為他設立「泰雅獵人學校」的教室。

阿雄教我們拉弓射箭，但要拉開弓就不容易，更不要說瞄準了。顯然我不是當獵人的料，這時，我才體會到獵人的力量。

但更大的教室在山上，也就是他所謂的「傳統獵場」——日治時代「哈盆部落」的領域，包括福山植物園和哈盆自然保留區。此次入山，即是獵人學校課程之一。

哈盆部落位於哈盆溪和南勢溪交會處，即今哈盆古道終點的「哈盆露營地」，四十多年前因物資匱乏，被迫遷往烏來福山村和大同崙埤村兩地，以致被叢林吞噬、湮沒。難以想像它在日治時代曾是一個擁有兩百多人的繁榮部落。

我們的運氣真好。出發之際，在崙埤林道入口，遇到一位老獵人，正在熬煮一大鍋山豬大骨蘿蔔湯，與族人分享。他很熱情地招呼我們一起喝湯吃肉，為我們送暖、送行。

入山林道不難走，只是芒草掩徑，葉緣如鉅齒，一刮到必定掛彩，在路盡頭，滿山遍野一望無際，只見阿雄開山刀一揮，獵徑出現了，我們跟著他和兩隻土狗尾隨而入。

不久，走到一處四叉路口，阿雄獻酒敬祖靈後，隨即鑽入潮濕陰暗的柳杉林中——這是日本人砍光樟木後再植的吉野杉，可惜無法自行繁衍，遲早不是老死就是病死，蟄伏底下的台灣原生植物終將再出頭天。

事實上，密林中是一個生機蓬勃的世界，蕈類、蕨類、藤類和各種草本植物滋生，成為吸血螞蝗的溫床。幸好，阿雄事先提醒，我們穿了雨鞋。

此地是蘭陽溪源流區，野溪多，埤池也多，降雨更多，孕育了雨林植被，所以，閩南語叫「崙埤」，意為「小山崙沼澤地」，但也因此成了野生動物的棲息地。

阿雄在前帶路，說我們走的是日治時代的「中嶺越嶺道」，果然，某些路段仍殘存駁坎遺跡，但路面已縮成獵徑般狹窄，難以想像當年曾是馬在跑的「馬路」，一路直通哈盆部落，再連接「哈盆越嶺道」至福山部落。前者長約二十公里，後者約十二公里，我們預備花兩夜三天走出去。

駁坎道上覆蓋了厚厚的落葉，可能因我們的踐踏，發出陣陣潮腐味，瀰漫空氣中，讓我們感覺逐漸遠離文明了。

不過，有些路段長滿卷柏，好像走在地毯上。雖然偶有小崩塌、倒木擋路，仍相當好走，我先前的擔心多餘了。

沿途，阿雄指指點點，解說哪些植物「可吃」或「不可吃」，我喜歡這種將天地萬物分兩大類的方式。他邊走邊採，如鳥巢蕨（山蘇）、過貓、雙蓋蕨，還有昭和草、咸豐草、龍葵（烏仔菜）等野菜，但我卻被沿途的蘭科植物分了心，如台灣根節蘭、樹絨蘭、福氏石松、台灣松蘭，可惜季節不對沒開花，只有綠花肖頭蕊蘭開了花。

走了約一個多小時，我們在七百多公尺高的紅柴林山和中嶺山間鞍部休憩，但阿雄卻砍進叢林中，找出幾瓶日據時代的破酒瓶，才知到了「中嶺駐在所」遺址。

當我跟著狗鑽來鑽去探索時，阿雄卻提醒我，要留意臉，原來到處長著黃藤，若一不小心被彈到，我就可以當泰雅族人了。黃藤就像狼牙棒，整株都長尖刺，過去泰雅族用來刺青，也採藤心煮排骨湯，味道略苦，卻可降血壓、降火氣。但對獵人而言，黃藤妙用不僅於此，還可做吊子（枝條）和止渴（果實）。

接下來的路，完全走樣了。

由於午後才入山，無法到處逗留，我們必須在天黑前趕到阿雄的獵寮，不然會有失足危機，因為中嶺越有好幾段崩塌，必須迂迴繞道，改切獵徑，讓我深深感受到，大自然正在收回失土。

但我們身上可背了十多公斤的大背包在走啊（沒經驗，帶了許多無用之物），所以，幾乎是手腳並用，攀上攀下，才勉強跟上身手矯健的阿雄。我觀察到，他的腳步是跳躍的、有彈性的，彷彿是有蹄的山羊腳。

為了減輕負重，我只帶了小瓶水，因為阿雄說獵寮在溪澗旁，而且，沿途到處長著水鴨腳海棠，雖有點酸澀，卻比黃藤果和腎蕨更為生津止渴。

就這樣跌跌撞撞了五公里，抵達了藏在柳杉林中的獵寮——實際上是一面大塑膠布，綁在幾根樹幹的斜遮棚。

卸下背包後，我們就跟著阿雄去砍材。當柳杉轟然倒下後，赫然發現上面附生著好幾株阿里山豆蘭和白石斛蘭，幸好我們眼尖救下，移植到獵寮旁的柳杉，希望下回來的人有機會看到花開。

升火是一門學問，阿雄先削了三根木棍插進土裡當灶，再把乾木屑當火種，沒幾下子就把火升起來，等火勢大了才放柳杉枝進去，開始為我們煮飯炒菜，這時才知他為大家背了米糧上來。

煮飯同時，阿雄突然抓出一隻老鼠來烤，說是他的下酒菜。原來是陷阱捕來的黃金刺鼠。烤焦後，刮毛剖肚，抹鹽入味，再用竹叉烤。吃的細節就不用我詳述了。雖然他很慷慨地要與我們分享，但僅有數人試吃鼠尾巴，其餘的，包括被他視為珍饈的心肝腎，通通讓給他獨享。

黃金刺鼠又名「國姓爺刺鼠」（Niviventer Coxinga），不知一八六一年至一八六六年間駐台的

密林中是一個生機蓬勃的世界，蕈類、蕨類、藤類和各種草本植物滋生，也成了野生動物的棲息地。

台灣特有種黃嘴角鴞晝伏夜出，會發出「呼～呼～」雙音節叫聲。

台灣特有種白面鼯鼠是一種美麗的大型飛鼠，在樹林間攀爬滑翔移動。

綠花肖頭蕊蘭

清晨在獵寮喝湯取暖。

阿雄以「可吃」或「不可吃」解說植物，圖為可吃的筆筒樹嫩芽。

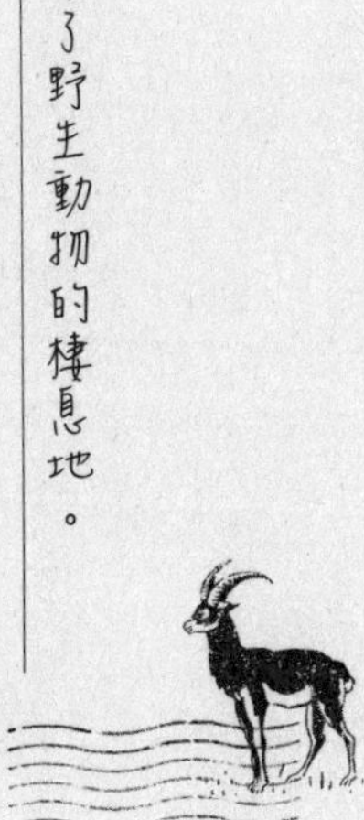

英國領事斯文豪（或稱「郇和」Robert Swinhoe,1836~1877）為何要如此命名？有學者揣測，因國姓爺（Coxinga）進攻台灣敏捷如刺鼠而得名。

事實上，在台灣山林走動，常常會碰到斯文豪這個名字。因為台灣少說有三十三種動植物學名冠他的姓或由他提出，包括藍腹鷴、繡眼畫眉、斯氏紫斑蝶等。但不知這位台灣早期最偉大的博物學家，是否也像達爾文一樣走到哪裡吃到哪裡？

有了熱騰騰的伙食打底，我們變得元氣十足，就圍著火堆烤火，聽阿雄說泰雅族的狩獵習俗，其中「鳥占」挺有意思：

「當獵人聽到繡眼畫眉一路跟著叫，就表示前面有大獵物等著。如果叫幾聲走了，就不見得會獵到。但如果看到牠們由左邊飛向右邊，就要取消打獵了……」

據我所知，憑繡眼畫眉叫聲來判斷吉凶的，還有排灣族和布農族，只是我不知其意義，牠的叫聲通常為「急、急、急」，吵雜而急促，只有在繁殖期才會叫出「急~救！急~救！」的婉轉音，相當有趣。

阿雄聊的故事，聽起來難免像迷信，但我認為卻是原住民祖先的智慧，透過禁忌或祖訓，讓野生動物免於絕種，讓山林免於濫伐、濫墾。像上述鳥占，某種程度減少了出獵次數，或阿雄說的，當獵物跑到他人獵場或禁地，就要放棄追捕，無形中也幫野生動物留了生機。

還有，原住民對某些山頭、地域，抱持敬畏態度而遠離，也提供了野生動物一個絕佳的繁殖棲地，間接也保護了自然生態。

所以，原住民的祖訓，可視為一種與大自然和諧相處的做法。忘記了祖訓，山林恐怕就不保了。

泰雅族占卜鳥繡眼畫眉，台灣特有亞種。（傅宏仁 攝影）

阿里山豆蘭（台灣特有種）

白石斛蘭

阿雄搭建在柳杉林中的獵寮。

聊至半夜，我們才鑽進睡袋，但實在太冷了，冷得直打哆嗦，儘管穿了毛襪，冷還是像電流般從腳底、背脊竄升上來，只好似睡非睡折騰著。

而阿雄當然沒有睡袋，他屈身側躺著烤火，就入睡了。

半夜，我起來如廁時，睡袋上竟然霹哩啪啦地響，不知是冰霰或結霜？我拿著登山杖，在枯葉堆中打草驚蛇一番，才敢拉下褲子，就怕踩到冬眠的蛇。雖然阿雄信誓旦旦，用姑婆芋的汁液可解蛇毒，但我可不希望用自己的小命，去驗證他的偏方是否有效！

第二天，我們走出柳杉林，又遇到一大片難以穿越的高大芒草，幸賴阿雄砍路，但我的長袖已然刮到起毛。

砍了一陣子，路旁突然出現一根界牌，標明烏來鄉和大同鄉的交界，附近還有棵孤挺的老樹，阿雄說是過去哈盆與松羅、英士等部落討論婚嫁的會商地點，我想將它命為「媒妁之樹」。

我們在芒草中走走停停，阿雄不時指出，看似平常的拱痕、食痕，說是野獸出沒的獸徑。多虧他的眼力，我們才能辨別山豬、山羌或水鹿走過，公的，母的，有多大，從何來，從何去。

「不久前有隻母山豬，帶著一群小山豬從這裡經過，腳後跟還滑了一下……」

聽得我們一愣一愣的，也蹲下來研究地上凌亂的蹄痕，但看不出所以然，直至他解釋這種認定的理由——某個蹄痕有溜的痕跡，我們才假裝看懂似地讚歎他。

甚至，他也可從蹄痕判斷動物是否病了。我半信半疑，但也不得不佩服他的觀察力。

最奇妙的是，有個地方他特別琢磨了一下子，說從蹄痕研判，極可能是幾天前，有隻雲豹追蹤落單的小山豬留下的，還將大小形容一番……由於描述生動，讓我們眼睛都亮起來，好像真的看到雲豹了。

我覺得，阿雄比我在南非洲遇過的 tracer（追蹤者）還要厲害，有著野生動物般的敏捷矯健，因為他從國中就跟著父親上山打獵了，連他自己也說：「要在山上生存，就要把自己當成動物！」

傳統上，泰雅族男孩要成為男人，必須獨自在山林生存三天，才能通過考驗。阿雄祖父那一代仍維持這樣，但到了父親那一代，狩獵文化就逐漸崩解了。

途中，阿雄還特別指出一棵山龍眼樹，說是他設吊子的地方。原來，山龍眼成熟時，松鼠會來覓食，啃得滿地都是落果，吸引山豬和山羌也來撿食，說得我們躍躍欲試，因為今早才學會怎樣設陷阱，可見人類天性都有「見獵心喜」的基因。

越過芒草區，即進入了南勢溪流域。此地因闊葉林蓊鬱濃密，溪澗密布，到處蒸發著濕氣，有山友以「台灣的亞馬遜」形容，無非是想表達那種抬頭不見天日、濕熱難耐的況味，但我們遇上寒流來襲，又是另一番滋味。

我們轉過一山又一山，中嶺越愈來愈像羊腸小徑，偏偏不時出現崩塌缺口——大多是喜食地下莖的山豬挖的，把路弄得支離破碎，所以，我們都因要小心看路而很少交談，只有開山刀揮砍擋路枝葉的劈啪聲偶而傳來。

左側就是數百公尺深的南勢溪谷，但阿雄仍不時機會教育，教我們辨識有用的植物，如火炭母草的心葉可以治下痢，芒草心水煮沾鹽很好吃，還有蛇木（筆筒樹）——他直接砍下尾端的嫩莖給我們試吃，口感像極了山藥。

當然，路上的蛛絲馬跡，也是他的教材。

途中有好幾段崩塌，必須迂迴繞道，改切獵徑。

台灣獼猴的排遺最容易辨認，呈寶塔狀，只是沒人的那麼臭──你猜的沒錯，阿雄要我們嗅聞。也因此，阿雄要求我們，自己的排遺要挖坑埋掉，免得下梯次學員聞錯了。

還有山羌排遺，一堆堆散落路徑，每堆都有數百顆，看起來就像百草丸。阿雄竟然從乾濕度就可判讀何時留下的，其中有的還很新鮮，難怪一路上不時傳來山羌吠聲。

雖然阿雄說泰雅人會將山羌排遺曬乾泡來喝，說比烏龍茶還好喝，還可養肝。這說法讓我聯想到麝香貓咖啡豆，不過，我向來路不拾「遺」，決定還是留給他的族人吧。

有時走著走著，阿雄會突然停下腳步，神情異樣。讓我印象最深的是，他看到掉落的山茶枝葉。他說是昨晚飛鼠啃茶籽折斷的。於是，他打量了好一會兒，眼睛閃閃發光。我猜想他在盤算，回程在樹上設陷阱吧。

一提到飛鼠，阿雄的口水似乎多起來，變得口沫橫飛，說牠的腸子有多補又多補，腸子擠出來的殘渣，就像綠色哇沙米那麼好吃……

走了三個多小時後，我們在紅柴山鞍部的日警砲台遺址休息，啃乾糧當午餐。阿雄指著某處山凹，說是以前哈盆上部落所在，也是我們晚上的營地。看起來似乎不遠了，不過，稍後我們才知道，這一段下坡路最難走，因為中嶺越年久失修，崩塌嚴重，逼得我們不時下切，將屁股當滑墊，穿梭灌叢。

再出發時，周遭響起一群繡眼畫眉「急、急、急」的叫聲，彷彿枝葉間有跳躍的音符，似乎是個好兆頭，果然，沒多久，狗兒突然拔腿衝入叢林中，狂吠不已，阿雄說大概是發現了山羌，「可惜要趕路！」他嘆了口氣，叫狗回來。

下午三點不到，終於氣喘吁吁抵達了獵寮──仍是大遮棚。接著，我們分頭砍樹、升火，準備提前晚餐，因為今晚阿雄要帶我們夜獵，看看能否打隻飛鼠什麼的野味烤來下酒。

當大家在開闊的南勢溪谷倘佯時，我望著夕靄，淡淡地飄過對岸的蛇木林，溪風陣陣拂來，溪流鏗鏘，彷彿山林彈奏的琵琶，令人心曠神怡，正覺得這份報償太值得了，我第一次感受到「疲憊」是那般快樂，沒料到，正在淘米的阿雄，卻突然冒出一句「明天可能會下雨」，讓我們心裡頭涼了半截，因為明天還有十二公里的路要趕呢。

原來阿雄從父親那邊學到經驗，只要溪谷的風往上游吹，就表示天氣要變壞了。

晚餐時，傳來黃嘴角鴞和領角鴞的叫聲，飛鼠的哨聲更是此起彼落——會不會成了角鴞的晚餐搖鈴聲啊？或許，飛鼠聞到獵人的氣息正在通風報信呢。我覺得，這片山林裡的動物大概都認得阿雄，搞不好牠們也有自己的課程，教導後代如何閃避獵人的追捕。

我們戴起頭燈，沿溪搜尋，可是找了半天，毫無所獲。阿雄怪說今晚月光太亮了，不易發現飛鼠的眼睛。通常，飛鼠只要被探照燈掃到，眼睛就會反光發亮，好像被點了穴道般無法動彈，只能坐以待斃。

也好，我們並不真的想吃到什麼野味，只是想多知道一些山林的祕密。因為瞭解山林的人都知道，山林的祕密大多藏於夜色之中。

但也不是毫無所獲，我們在溪畔發現一隻被吃得只剩毛羽殘骸的不明水鳥，誰幹的？

阿雄研判說：「可能是食蟹獴或黃鼠狼吃的！」

不過，阿雄也留意到，溪谷的風不再吹了，「明天不一定會下雨！」真令人雀躍的預告。

返回獵寮，我們繼續聽阿雄說巫師與巫婆的故事。在泰雅部落中，巫師負責祭祖和狩獵之事，巫婆負責通靈和治病。阿雄的媽媽就是一位巫婆，曾為了阿雄被下咒生病而與壞巫婆鬥法……我想，

晨霧瀰漫，南勢溪波光粼粼，宛如一條金色溪流。

只要稍加潤色，就可以鋪展成精彩的童話故事了。

我很喜歡原住民的烤火文化，看著火星跳躍，聽他們說故事，是夜晚一大樂事。

半夜還是下了一場小雨，滴滴答答地打在塑膠布屋頂上，但更吵人的還是飛鼠般的鼾聲，只是我不確定是哪隻在叫，說不定，是我。

隔天清晨起床時，久違的陽光竟然從樹梢灑下來，令人神清氣爽。走到溪畔，上游急湍處晨霧瀰漫，波光粼粼，流水潺潺，宛如一條金色溪流正吟詠著這片美麗的山林。

隨後，我們換穿溯溪鞋，一步一步朝哈盆部落遺址涉水走去，雖然溪床風光旖旎，水質清澈，苦花、溪哥游來游去，但我們不敢分心，就怕一不留神被亂石絆倒，或踩到青苔——阿雄要我們特別留意，水中顏色較深的石頭，千萬不要踩。現在，可不是泡水的好季節。

到了哈盆，只見河階台地已成一片叢林，要不是阿雄用開山刀砍路上去，出現了駁坎和石階遺跡，誰知這裡曾有過日治駐在所、蕃童教育所和療養所呢？

探索過遺址，阿雄與我們辭別，折返中嶺越，我們則循哈盆越嶺古道繼續走，這時才開始遇見人。哈盆古道果然如阿雄所言「就像一條高速公路」，整治得很用心，修橋鋪棧道，讓它幾乎沒有升降，途中難免有崩塌、崩壁、倒木，但一路蔥蘢蓊鬱，蕨類叢生，走起來賞心悅目，暢快舒適。

由於沒有獵人解說，我們走得極快，除了在露門溪畔短暫午餐外，幾乎都在趕路，弔詭的是，一路上沒聽到什麼鳥獸動靜。這時我才理解，阿雄不希望中嶺越被整治的原因，因為整治成健行步道後，動物可能就不會來了。

想要置身蟲林鳥獸的天地，也許該整治的是人類的心態，才能維持大自然本色吧！

尋找幸福蟲

路線：蘭嶼機場→租機車→燈塔→小天池→朗島村

→永興農場（夜訪角鴞）→紅頭村（宿）→椰油村（開元港）

→中橫公路→蘭嶼氣象站→椰銀村（地下屋）

→東清村（珠光鳳蝶保育園區）→鋼盔岩→龍頭岩

→青青草原→八代灣→叢林夜調（象鼻蟲）→紅頭村（宿）

生物地理學中有一條著名的「華萊士線」劃分了東洋區（主要為東南亞地區）和澳大拉西亞區（主要為紐、澳、新幾內亞等地）的生物相，這是英國博物學家華萊士（Alfred Russel Wallace,1823~1913）在馬來群島調查時發現的生物分界線。

以往，博物學家皆認為相近的陸地會有較相似的動物相，但華萊士發現，在數以千計的馬來群島之間，似乎有一條隱形界線區隔生物種類，他以峇里島與龍目島蒐集到的鳥類為例，即使相距只有三十公里，也有半數不同。

華萊士線後來經過幾次修正，一九二九年延伸到菲律賓群島呂宋島北側，稱為「梅里爾線」，又稱「赫胥黎線」、「新華萊士線」，引起了博物學家大島正滿的關注，呼籲日本學界調查向北延伸的可能性，因而啟發年輕學者鹿野忠雄的興趣。

於是，經過多次踏查，鹿野忠雄根據蘭嶼發現的六種球背象鼻蟲和蘭嶼光澤蝸牛，不見於台灣、卻與呂宋島同屬，推論蘭嶼、綠島以前有陸地和菲律賓連結在一起，便於一九九三年提出新華萊士線應該穿過台灣與蘭嶼、綠島之間，以之解釋蘭嶼、綠島生態為什麼與台灣那麼不同——此即「鹿野修正線」，因而讓球背象鼻蟲和蘭嶼光澤蝸牛在地質史有了非比尋常的地位。（見於《鹿野忠雄——縱橫台灣山林的博物學者》）

有趣的是，蘭嶼原民達悟族的生活和語言，也與台灣各族迥異，瀰漫著一種「異國情調」。但我對蘭嶼產生好奇，緣於十多年前潛水之行，遇見了島上達悟作家夏曼・藍波安，聽他說了許多祖先的故事，其中最令我感動的是，他想打造一條拼板舟，划到菲律賓北方的巴丹島，據說是他們祖先來的地方。

蘭嶼原民達悟族的生活和語言與台灣各族迥異，瀰漫著一種「異國情調」。

穿傳統服裝的蘭嶼老人。

四至八月，蘭嶼到處可見鳳梨般的林投果，口感似地瓜，有清甜味，當地人熬汁冰喝，據說有降血壓、預防糖尿病和痛風的效果。

加拿大人里昂娶了東清村女孩，在此經營烤香腸Bar車。

在蘭嶼常見曬飛魚乾。〈馬太福音〉6：25：不要為生命憂慮吃什麼、喝什麼……

後來，我奉報社之命前往民答那峨三寶巖，尋訪三寶太監下西洋足跡，將部分預算資助他考察巴丹島，結果發現彼此語言近似，讓他興奮極了，促成達悟人的尋根運動。

最近，與嚴長壽等人聊到卑南族警察歌手陳建年長住蘭嶼，讓我興起重遊念頭，想去尋找當年我渾然不知其學術意義的球背象鼻蟲，希望能與鹿野忠雄、華萊士產生某種精神聯繫。

不過，我也渴望見到珠光鳳蝶，尤其讀到吳明益在《迷蝶誌》中寫著「我和M都以為那是一隻鳥，但恐怕沒有鳥的尾羽，有那麼耀目的、陽光都為之黯然的金黃……」就期待有那麼一天，這種蘭嶼特有的鳥翼蝶能從頭上飛過。

上一次，我只看到蛹和幼蟲，地點在朗島小學的港口馬兜鈴栽培區。港口馬兜鈴是珠光鳳蝶幼蟲食草，因大量藥用採集，瀕臨絕種，幸好特有生物中心加緊復植，珠光鳳蝶才免於餓死。

但隔了十多年再來，蘭嶼有了很大的改變，島上多了許多餐館酒吧和民宿，想喝杯好咖啡也不難，我還遇到一位加拿大人在此經營Bar車。他娶了東清村女孩，愛上這裡的海，不走了。的確，在台灣，很少看到一年四季都藍得這麼漂亮、宛若愛琴海的海，真慶幸蘭嶼還有永遠不變的地方。

但不知蘭嶼特有的球背象鼻蟲、光澤蝸牛、角鴞、姬兜蟲、縱條長鬚天牛、筒胸竹節蟲、大葉螽蟴、七星美盾椿象、粉彩吉丁、黑綬帶鳥等，是否依然健在？

抵達當天，我和友人即租機車亂逛，也到椰油村分駐所找陳建年，未遇，隨即轉往蘭嶼燈塔，俯瞰奇岩怪石的海岸線，再穿過原生林爬到小天池，只見棕耳鵯聒噪鳴叫、大白斑蝶飛舞、斯文豪氏攀蜥交配，好不熱鬧，但稍不留神即誤觸人面蜘蛛法網，白絲就纏到頭上來。

記得以前我還很頑皮時，常故意將火柴般的小枯枝掛在網上，人面蜘蛛就會迅速爬過去拋掉，

珠光鳳蝶正在吸吮馬纓丹花蜜。

珠光鳳蝶的蛹。

啃食港口馬兜鈴的珠光鳳蝶幼蟲。

玩起你丟我撿的遊戲，排遣等待獵物的無聊時光。

抵達山頂時，小天池因久未下雨見底了，但我很幸運，繞行時竟然發現一株市場叫價可達四十萬元的野生蘭嶼羅漢松——咸信早已挖掘殆盡。這種羅漢松，全世界只見於大小蘭嶼和巴丹島。直到落日，我們都沒遇上珠光鳳蝶或其他，卻碰上月偏蝕，於是趁月色朦朧去找達悟人口中的「嘟嘟霧」——蘭嶼角鴞。

經民宿主人指點，我們前往角鴞出沒頻繁的永興農場，一進去便聽到「嘟～嘟～霧」聲此起彼落，本以為多得驚人，約莫過了一會兒，才知是當地嚮導模仿的叫聲——只見探照燈閃射，人聲吵雜，只好當跟屁蟲，約莫找了半個多小時，才找到一隻亞成鳥。

但在好幾支手電筒圍剿下，這隻可憐的角鴞，圓滾滾的大眼直冒金星，沒幾分鐘就飛走了。遊客打道回府，森林恢復毛骨悚然的感覺，我們也才耳聰目明起來，不久又找到一隻，但為了等牠回眸一笑，我看到脖痠眼花、被蚊子叮得滿頭包。

對於我們的遭遇，民宿主人嘆道：「從前有許多的嘟嘟霧……」而且，還繪聲繪影指出，我們住的地下屋旁，「從前有許多的椰子蟹和綠蠵龜……」但現在，我只看到滿地爬的寄居蟹和陸蟹。

唉，當我聽到他們口述從前有許多什麼什麼的，內心有一種莫名的悲哀。

第二天早上，我們再訪椰油村分駐所，終於逮到陳建年，聽他聊了許多音樂創作的感觸和蘭嶼的生活點滴，直覺他也變成蘭嶼特有種了，但尷尬的是，他提到歌迷不請自來，造成他頗大的困擾，只好能躲就躲——珠光鳳蝶是否也這樣想，我們才找不到？

不過，他指引我們前往東清村旁「珠光鳳蝶保育園區」，因為那裡栽培了不少海檬果（蜜源）

蘭嶼光澤蝸牛

蘭嶼大葉螽蟴

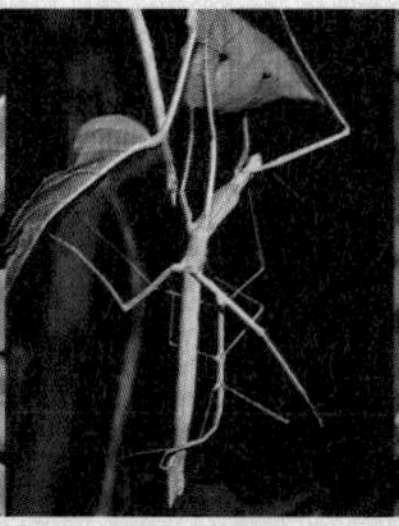

蘭嶼筒胸竹節蟲

一進永興農場，便聽到蘭嶼角鴞「嘟～嘟～霧」聲此起彼落。

蘭嶼姬兜蟲

和港口馬兜鈴（食草）。

於是，我們由紅頭村旁切入「中橫公路」，先到最高點的氣象站俯瞰，再沿陡峭的山路觀測，晃蕩了許久，仍不見珠光鳳蝶，然而就在下坡往椰銀村時，友人突然驚叫，說時遲那時快，一抹黃光掠過，我立即煞車，一隻「小鳥」快速從我頭上飛過，我們興奮地追著，就像捕蝶年代追著「拾圓」鈔票跑——只見牠的後翅披著龍袍黃，在逆光中閃爍著珍珠光澤，迷人極了。啊，我已經很久沒有一見鍾情的急促心跳了。

抵達保育區不久，又陸續看到兩隻，不，應該說一對，母蝶的後翅黑黃相間，比公蝶的全黃更具姿色。

我們持續等待，又發現好幾對相互追逐，好像熱戀中的情侶，充滿激情，不過，此情此景也宛若《我倆沒有明天》的鴛鴦大盜，令人感傷，因為一旦交配完成，公蝶就會氣竭捐軀，母蝶則會在產卵後過世，所以，要看到成雙入對的珠光鳳蝶需要一些運氣。一般說來，七至九月繁殖季，看到的機率最大。

當晚，我們又至叢林尋找暱稱「幸福蟲」的球背象鼻蟲。因為晚上找蟲比白天容易，頭燈會讓視線聚焦，果然，一下子便在落尾麻的葉片找到大圓斑、小圓斑兩種球背象鼻蟲，正待深入尋找其他，沒料到驚出一條赤尾青竹絲，幸好沒礙著牠，彼此各自逃竄。這種夜行性頰窩類毒蛇，相當厲害，與響尾蛇一樣透過輻射熱感應而攻擊，百咬百中——響尾蛇飛彈的原理便是據此而來。

圓斑球背象鼻蟲只有一公分多，漆黑的圓背上綴著寶石般的亮彩，令人愛不釋手，鹿野忠雄說蘭嶼人若看到就競相用手指頭壓，看誰力氣大能壓扁牠們。後來，演變成一則傳說，達悟青年為了

多年來在書上邂逅的昆蟲，如今活生生地跳出來在眼前，彷彿神的旨意要鹿野忠雄交到我手上。

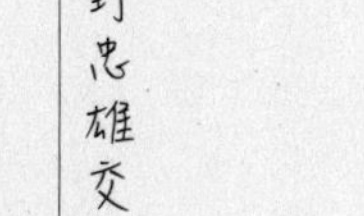

大、小圓斑球背象鼻蟲。

陳建年的漫畫一定有隻卑南老鼠（暗喻自己）。（邱一新 翻拍）

也是台灣特有種的歌手陳建年。

獲得異性青睞、證明誰力氣大……但求證民宿主人，斥為無稽之談，粉碎了我的浪漫遐想。要不然，名為「幸福蟲」，為了人類的幸福而不幸，真是一大諷刺啊。

不過，球背象鼻蟲曾被日本人收購做鈕釦倒是真的，足見其甲殼很堅硬——鹿野忠雄說標本針也難以穿透。球背象鼻蟲的行為頗有趣，當頭燈照到時，會快速地躲到葉片下，再用手指去抓時，隨即掉落，不知情的人還以為牠嚇死了或摔死了，其實是鹿野忠雄說的「擬死」。

想到這麼多年來在書上邂逅的昆蟲，如今活生生地跳出來在眼前，彷彿神的旨意要鹿野忠雄交到我手上，至此歷史變得可以觸摸，而我和鹿野忠雄也有了驚喜的相遇。

福山薩伐旅

路線：宜蘭市→員山鄉→台9甲→福山植物園→水生植物池

→特用植物區→草本植物區→竹區→合瓣花區→離瓣花區

→杜鵑花區→離瓣花區→裸子植物區→蕨類植物區

→林下植物區→福山植物園→雙連埤

當我坐在雙連民宿陽台喝咖啡時，突然，一隻台灣藍鵲俯衝下來，就在我錯愕瞬間叼走了麵包，還瞪了我一眼，好像在挑釁說：「你能奈我何！」

這時，民宿主人跑出來問我，有沒看到這精彩的一幕？我才恍然大悟，原來陽台上的麵包屑是他灑的誘餌。他說，台灣藍鵲的巢穴就在屋旁柳杉林中，每天都會飛下來掠食好幾次，根本不把人放在眼裡——看來，這群台灣藍鵲已成了「家禽」。

我以前不是沒見過台灣藍鵲，牠們總像浮光掠影一閃即逝，如此近距離凝視、眼神交會（剎那數秒），還是第一次。

後來，台灣藍鵲又飛來數次，似乎故意讓我補拍幾張特寫，但最美的畫面還是難以拍攝——看牠們一隻接一隻飛越山谷，宛若一道彩虹掠過。

我是誤闖來此。從福山植物園薩伐旅（Safari）出來後，想說順道逛逛剛被規劃為「野生動物保護區」的雙連埤，看看有什麼野生「動物」，結果大失所望，不知是來的時機不對，或已經鳥獸四散？

據載這塊小小的天然堰塞湖、濕地，生態原本很豐富，涵蓋了台灣三分之一原生的水生植物品種和蜻蜓品種，也涵養了不少台灣特有種的魚類、蛇類、蛙類和鳥類，但因地主恣意開發，導致生態浩劫，幸經地方保育團體抗爭，政府出面徵收，才搶救了一部分的湖光山色。

值得慶幸，由禾本科植物累積而成的「浮島」還在，只是面積縮小甚多。這些厚約二公尺、半浮半沉的小島，有草有樹，走起來上下晃動不踏實，頗似的的喀喀湖蘆葦島。據說颱風來襲，島還會漂來漂去呢。

但此行我得以大開眼界，全賴生態攝影家劉鴻文帶路，要不然以我混濁眼力，根本無法辨別蟲林鳥獸，更不可能看到烏來風蘭——這種台灣原生蘭的小白花比芝麻綠豆大不了多少，附生在柳杉針葉間，難以發現。

其實，我早見識過鴻文的眼力了。好幾年前，他帶我家去擎天崗玩，半途突然煞車，只為了向我兒展示岩壁上的小毛氈苔——不知他如何瞥見一元硬幣大小的食蟲草？

這次前往福山植物園，鴻文也是頻頻停車，有時只為了讓青蛙過馬路——不，應該說得更清楚些，讓一隻體型約五公分的褐色「腹斑蛙」，從宜蘭員山鄉跳到新北烏來鄉。真巧，我們停在園區的縣界基石旁。對鴻文而言，任一種動植物都有名字，不是泛稱。幸好，植物都有吊牌解說，但動物就得靠解說員了。

然而，一大堆人跟著解說員，嘰嘰喳喳，不要說羞怯的哺乳動物，連鳥都會閃得遠遠的，所以，一大早我們搶在旅遊團之前，躡手躡腳展開搜索，但接近「水生植物池」的水毛花叢時，還是驚起了一對野鴛鴦倉皇飛遁，連帶嚇走正在池畔覓食的紅冠水雉，緊接著又是一陣拍水聲，小鸊鷉像打水漂似地踏破一池春水，揭開福山的序幕。

一群小鸊鷉開始追逐嬉鬧，倏地潛入水中，浮出時已在七、八公尺外，好像在玩躲貓貓。更幸運的是，在稀有的東亞黑三稜草叢中，發現了一隻小鸊鷉正悶聲不響地孵著蛋，直至附近出現一隻水蛇，才匆忙撥弄水草蓋住巢穴，迅速游開——以身誘敵嗎？

這座水池引自哈盆溪，相當清澈，岸邊即可看到台灣特有種馬口魚（一枝花）游來游去，池央也有大草魚露出背鰭轉圈子，估計一公尺多，拜牠們貪吃之賜，池子才沒被某種鱗片狀的水生蕨類盤據——冷天時由綠轉紅，因此得名「滿江紅」。

台灣原生稀有的台灣萍蓬草也不甘示弱，從滿江紅中突圍而出，綻放一枝枝俗稱「水蓮花」的小黃花，點亮了煙雨迷濛的湖光山色。我心想，蘇軾歌頌西湖「山色空濛雨亦奇」也不過如此吧？可惜，這份夢幻靜謐維持不了多久，就被一陣喧譁刺破，看來我得將水生植物池讓給旅遊團了。

我們轉進「特用植物區」，打擾了一隻赤腹松鼠的覓食。這個區域的植物，顧名思義，皆與生活經驗有關，譬如大葉楠的樹皮可製香，台灣山茶可製紅茶，黃藤心可燉排骨湯，山棕可做蓑衣，更不用說紅檜、台灣櫸、烏心石這些建材了……不過，我對筆筒樹比較傾心，倒不是因為它的氣生根（蛇木）可養蘭花，而是它冒出來的嫩芽，切片後與肉絲、大蒜一起熱炒，好吃極了。

據說台灣有六百種以上蕨類植物，福山「蕨類植物區」有上百種，但我尚停留在「吃過」和「沒吃過」的口腔分類階段，僅識山蘇、過貓、烏毛蕨、筆筒樹等。我想起吳永華《台灣植物探險》（十九世紀西方人在台灣採集植物的故事）寫到英籍植物學家韓威禮（William Hancock），曾在淡水、新店山區採集羊齒植物，才有今日在英國邱植物園所見的近百種台灣蕨類，其中韓氏桫欏、韓氏烏毛蕨（台灣特有種）、韓氏耳蕨都冠有他的姓。

走到「草本植物區」時，差點踩到排遺——寶塔型，估計是台灣獼猴留下，果不其然，稍後在「竹區」就遇到了，有隻母猴懷抱著小不點兒的嬰猴，邊走邊找吃的，與我們目光相遇也毫不怯生——牠或許納悶，頭上長著鬃毛的鴻文是否仰慕牠，不然怎麼一直跟著？

跟到哈盆溪時，猴群不時拭面，彷彿邀請我們要不要一起沐浴，但一想到「沐猴而冠」的典故就作罷了。

「哈盆」係泰雅族語，意指兩條溪流交會地方——即哈盆溪注入南勢溪構成的「哈盆自然生態

台灣萍蓬草從滿江紅水面綻放小黃花，點亮了湖光山色。

台灣藍鵲

莫氏樹蛙

像小鷺鷉和鴛鴦等冬候鳥，甘願住在福山植物園變成「留鳥」，就是對這片山水的肯定！

保留區」，沒有申請無法進入，裡頭有條哈盆古道可通往烏來，至今仍是泰雅族人的狩獵小徑。

如果眼睛夠尖，園區到處可見動物排遺、足跡、掘痕、食痕或掉落的毛羽，但鴻文專注在蛙鳴，陸續找到了拉都希氏赤蛙、斯文豪氏赤蛙、莫氏樹蛙、面天樹蛙，但翡翠樹蛙只聞其聲——也好，免得我心裡起疙瘩，鴻文有次在烏來找翡翠樹蛙被青竹絲咬了，幸好搶救得宜，但今天我嘴巴破了，恐怕……無法幫他吸血。嗯，還是小心為上。蛙鳴，對蛇類而言，就像餐桌上的鈴聲。雖然是大白天，牠們還是前仆後繼跑出來，難耐繁殖季的寂寞嗎？

接著冒雨參觀了「合瓣區」、「離瓣區」、「杜鵑花區」、「裸子植物區」、「蕨類植物區」、「林下植物區」，再回到池畔涼亭等待山羌出現，因為已經聽到沃～沃～叫聲了（頗似狗叫）。福山的動物頗有經驗，旅遊團前腳一走（只待一、二個小時），就出來找食餘。

本來想守在林下植物區八角亭，卻因亭下倒吊數十隻台灣特有亞種台灣葉鼻蝠而作罷。牠們一邊作夢一邊排稱為「夜明砂」的排遺，我們用頭燈檢視便便，果然有發亮的碎片，想必是難以消化的鞘翅目昆蟲外殼。藥書說對夜茫症、白內障頗有療效，但吞得下嗎？

福山植物園的區名，不明就裡的人摸不著頭緒，它是根據德國植物學家恩格勒（A. Engler）的分類系統來劃分，所以，才會出現「合瓣」、「離瓣」、「裸子」這些專有名詞。

合瓣係指花瓣連在一起，落花時整朵掉下，如桔梗花、牽牛花、向日葵、杜鵑花。反之，離瓣花瓣各自長於花托之上，落花時一瓣瓣落下，形成落英繽紛，如油桐花、百合花、玫瑰、梅花、山櫻花、茶花等。

至於裸子植物，我馬上聯想到松子、銀杏等零嘴，其特色是胚珠裸露，不為子房所包覆，如松、

福山植物園有許多規定限制人類的自由，但動物看不懂規定，就擁有無限的自由！

搔首弄姿的鴛鴦情侶，在福山植物園變成「留鳥」了。

懷抱嬰兒的母猴一定頗納悶，我們幹嘛一直跟著牠，是否仰慕牠？

母羌

杉、柏、檜、木麻黃、蘇鐵等。

不過，大部分人還是對杜鵑花區比較有興趣吧。裡頭有十四種台灣原生杜鵑，花期不一，可惜只見金毛杜鵑開花和一隻有趣的石牆蝶——牠將翅膀尾端偽裝成頭部，藉以混淆天敵的攻擊方向，是一種「擬態前端」自保的欺敵術。

雨停了，正要打盹，蟬聲大作，吵得我精神大振，心裡暗自好奇，拇指般大的騷蟬，為何能發出這麼驚人的音量？但只要一陣風，騷蟬又安靜下來，大概怕被吹落，只好閉嘴緊抓枝葉，不知道這算不算「寒蟬效應」？

眼看關園時間快到了，鴻文突然比手勢指向林中，一隻母羌（公羌有長角）左顧右盼走出來，無視我們的存在，然後，回頭憐憫地看我們一眼，迅速幾個跳躍，又在林中銷聲匿跡了。

也許牠不屑我們，覺得我們與一般觀光客沒兩樣，只為了看到牠們滿足虛榮心，說穿了只是對風景的改觀而已。若在它處，山羌早就逃之夭夭了，能驚鴻一瞥屁股算走運了，這也是為什麼偷獵者都用獸夾捕，但取回時早已腐爛多日，所以山產店的炒山羌一定爆炒辣椒大蒜，以掩蓋其死前的驚恐之味吧。

其實，生態觀光的兩難就在這裡，既要給人親近動物的機會，又希望維持野性，久而久之，野生動物習慣了與人相處，馴化成另一種「放養」的野生動物，只差沒餵食。

也許有人會問，山羌養在保護區與養在山林，就像魚養在水池與生活在溪流，有什麼差別？我想差別不在於生活空間大小，而在於牠們有沒有自由、選擇過什麼樣的生活。像鴛鴦和小鷺鷉等冬候鳥，甘願住在福山植物園變成「留鳥」，就是對這片山水的肯定。

福山植物園有許多規定限制人類的自由，但動物看不懂規定，就擁有無限的自由！

召喚八色鳥

路線：林內鄉湖本村→湖本生態合作社→天聖宮賞鳥步道→龍過脈森林步道→白馬山菩提禪寺步道

二〇一二年五月十二日天剛破曉，我跟著八色鳥達人阿開（張景開）進入雜林中賞鳥，鳥況頗佳，陸續聽到了翠翼鳩、大彎嘴、頭烏線、山紅頭、朱鸝的叫聲，也看見了紅嘴黑鵯、樹鵲、白頭翁、黑枕藍鶲、小卷尾在枝頭啼叫，繡眼畫眉正忙著啣草築巢，還有小彎嘴如鬼魅在草叢間蹦跳，好不熱鬧，但就不見八色鳥蹤影。

突然，一陣奇特的「迴咿～迴咿～」叫聲在我耳際響起，猛一回頭——哈，原來是阿開模擬八色鳥的口技聲，他這招是學八色鳥用鳴叫聲宣示領域、建立地盤，或者，一種叫春聲，想把藏匿林間的同類引誘出來。

果然，立即有了回應，不過，阿開的嘴巴叫酸了，牠就是不飛過來，而我也被小黑蚊叮得渾身發癢（不該穿短袖的），只好棄守，轉換他處。

出師未捷，可能一大早給荷蘭鳥友觸了霉頭。

「為什麼收我三千元？不收他的錢？」一位身背各式鏡頭的荷蘭人，透過我與阿開談價錢。

昨晚，當我抵達湖本村的生態合作社民宿時，這位荷蘭人即來敲門，希望明天能與我一起分攤賞鳥費用，雖然我強調「我是阿開的朋友……」但他似乎不懂這句話的弦外之音。

「一團人半天要這個價錢，為什麼我一個人也要付這麼多？」荷蘭人不滿，還價一千：「我只要看到八色鳥就行了。十分鐘。不要你一個早上！」

阿開臉色微變，堅持不二價。

「不接就算了，我有情報，知道哪裡可找到八色鳥。」荷蘭人怒了。他說的可能是天聖宮旁的賞鳥步道，或白馬山菩提禪寺後面的步道，事實上，整個丘陵區皆是八色鳥的棲息範圍，只是能不能看到，要靠運氣，還要靠高人指點。因為八色鳥只有十多公分，速度極快，不容易被觀察到，一現身就像一溜煙，數秒間便消失在樹叢裡了。

「待會兒如果碰在一起，可不要說我跟蹤你們！」荷蘭人逕自走出去，落下一句氣話飄在空中。啊，真希望聽不懂他在說甚麼。阿開堅持翻譯出來，頓時臉色凝重，隨即開車載我離去，在鄉間小路繞來繞去，繞到另一個村子，把緊跟在後的荷蘭人甩掉了。

「講肖話，重點不是時間長短。」阿開氣憤地說：「我花了許多時間找鳥，他有看到嗎？」

「這些老外很差，第一次來叫我帶，下次就揪一群來，還用衛星定位，將鳥巢位置貼到網路，鳥都嚇跑了。」阿開忿忿不平說著，因為八色鳥生性隱密，警戒心極強，稍有風吹草動就棄巢而去，不會再回來。

「幸好，每年我都準備六、七個點。我帶人找鳥，不能槓龜。」阿開接著說：「有時候走屎運，找不到鳥，還要打手機問朋友，找到加減也要分人（指錢），至少也要請一下。」

八色鳥在台灣是非常稀有的夏候鳥，估計全球僅剩一萬隻，每年四月底、五月初清明期間，會從婆羅洲、越南等地飛來台灣淺山地區繁殖，到了九、十月才飛回去。雖然各地皆有鳥蹤傳出，但多數目擊皆指向雲林縣林內鄉的湖本村和阿開，連特有生物中心也委託阿開建立樣區做研究。

的確，想要看到八色鳥，不是光憑運氣，還要有人帶才行，但有誰比當過獵鳥人的阿開更適合呢？

湖本村是台灣典型的依山傍水農村，有條清澈的大埔溪蜿蜒流過，當我倘佯其中，實在難以想像多年前，竟然有人想規劃為陸砂開採區，幸賴阿開與鄉親抗爭，提出「八色鳥保護區」獲得社會共鳴，才幸運地劃為土石禁採區，保住農村風貌，讓蟲林鳥獸有了生存空間。

就這樣，八色鳥改變了湖本村的命運，也悄悄地改變了阿開的獵人身分，讓他（也包括我們）

重新思考人鳥和環境之間的永續關係。

所以，一個地方能否對旅人產生意義，主要是看你和這地方有沒有連結、用什麼關係連結，如果沒有，它可能只是一個地名，這就是我對名勝古蹟產生疏離感的原因。不然，在三星鄉的農場、在美濃的雙溪母樹林、在花蓮的馬太鞍濕地、在曾文水庫看到八色鳥又怎樣？

「我從細漢就跟大人去抓ㄎㄧㄡ ㄏㄚˊ，一隻賣一百五十元。」阿開說的是一九七〇年間做標本外銷日本的捕鳥歷史，那時候打零工一天才六十元。

為什麼叫ㄎㄧㄡ ㄏㄚˊ？

阿開解釋，閩南話ㄎㄧㄡ ㄏㄚˊ就是「撿竹籜」。當竹節拉長，包覆在外表似葉非葉的筍殼（竹籜）就會脫落，筍農撿來做斗笠時，常會看到八色鳥，就這樣叫牠們了。

接著，我們轉到「龍過脈」森林步道（根據字義的暗示，龍脈在此）。

只見雜林間麻竹叢生，姑婆芋茂密，台灣野牡丹盛開，但我更驚訝看到好久未見的「瘋人花」——龍船花（端午龍舟競渡期間盛開），據說精神異常的女人會摘來戴頭上，故有此名。但懂得摘美麗花朵裝扮自己的人，腦袋肯定沒問題，有問題的是我們的歧視吧？

雖然阿開不時「鳴叫」，八色鳥也不吝與他呼應，卻不見八色鳥現身，讓他好沒面子，直至看到一群獼猴在樹林嬉戲攀爬，才明白八色鳥有所顧忌。途中，他指出一處空巢，說是被獼猴摘了。

「一年比一年少，今年來不到一百隻。」阿開面帶憂色說：「以前有在捉時，滿坑滿谷。」我可以感受那種遺憾，當村民有了保育意識，八色鳥卻不來了。

由於早年的獵鳥經驗，阿開不知不覺有了鷹眼和雷達耳，聽聲即能辨位。他不僅熟悉各種鳥鳴

八色鳥改變了湖本村的命運，也悄悄地改變了阿開的獵人身分，讓他（也包括我們）重新思考人鳥和環境之間的永續關係。

朱鸝是一級保育類的台灣特有亞種。

「瘋人花」（龍船花）的稱呼，隱含了性別歧視。

阿寬熟悉各種鳥鳴，還練就了鳥鳴口技，令人歎為觀止。

聲，還練就了與鳥類相互呼應的鳴叫口技，令人讚歎。

針對八色鳥，他還以自製的哨子，吹出不同聲調，吸引牠們的呼應，進而得知牠們的位置。說時遲那時快，一道光影像流星一抹而過，啊，八色鳥——阿開指出牠落腳的竹莖，我還來不及鎖定，牠又飛到別處，但我的望遠鏡隨著阿開指示，找了半天，就是找不到，直至八色鳥可能發覺被戲弄了，飛走了，唉，怎麼會這樣？

幸好阿開不氣餒，繼續吹哨，果然又飛來一隻，駐足在枝葉間搔首弄姿，若隱若現，美麗掩不住。八色鳥飛離剎那，那抹光就像彩虹一閃而逝——啊，難怪人們要叫牠 Fairy Pitta（彩色精靈）；雖然網路上的八色鳥圖片俯拾即是，沒有親眼目睹是不能算數的。

最近有朋友慕名而去，想省錢沒找阿開帶，找了半天沒能看清楚幾隻鳥，更甭提八色鳥了，聽到的鳥叫聲也沒被小黑蚊叮到的慘叫聲多，我只好安慰他說：「下次找阿開吧。」

尋找八色鳥，畢竟可遇不可求。

八色鳥飛離剎那，那抹光就像彩虹一閃而逝——啊，難怪人們要叫牠Fairy Pitta（彩色精靈）。

八色鳥又名「ㄎㄡ ㄏㄚˊ」（撿竹籜），讓湖本村成了生態村。（傅宏仁 攝影）

嗷嗷待哺的幼雛巢。
（竹崎阿寬甜筍 提供）

八色鳥（傅宏仁 攝影）

第貳部

追尋。一種路線

我的旅行常因閱讀而產生，甚至改變方向，
尤其迷上某人著作時，
往往如小孩追隨《斑衣吹笛人》那般執迷……

太平洋的風一直在吹

追憶孫大偉

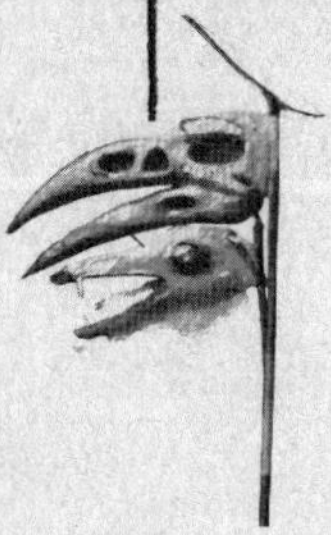

路線：花蓮（台11線）→藍色珊瑚礁（民宿）

→石梯坪、港口部落巴歌浪船屋（午餐）→台東長濱天主堂

→小馬部落小馬教堂→都蘭山（月光小棧）→杉原海岸

→美濃高台（住宿我自然生態農園）→台東市（聖母醫院）

以前聽胡德夫唱〈太平洋的風〉，唱到「太平洋的風一直在吹」時，總感覺真的有股海風吹來，頓時置身台灣「蔚藍海岸」的氛圍中，心裡頭亂七八糟的情緒，一下子吹得一乾二淨，心情瞬間如太平洋那般湛藍發亮。

二〇一〇年八月，我由花蓮沿台11線南下，看海聽海，心情就像唱針走在軌跡上，途中在豐濱北回歸線標誌附近找了一家望海民宿，就近拜訪港口部落耀忠的餐館「陶甕百合春天」。

猶記得數年前初訪，不要說店招，連門牌都沒有，要不是他老婆淑照站在家門口等我，我可能永遠找不到。耀忠的餐館在花東獨樹一幟，要預約，也沒菜單，這在多年前很不可思議，但也無可奈何，因為他常上山下海採集食材不在家，也不知會採集到什麼，做菜又憑大自然給他的感覺去發揮，例如旭蟹，摘片月桃葉鋪底便去蒸了，再摘幾片血桐葉就是餐盤了，所以，我只能以「山海交響曲」來形容他的菜色。

偶然間，蟄居台東的「天使」嚴長壽吃到了他的菜，驚為「不世出的奇才」，大力推薦，此後便廣為人知了。

我趁耀忠做菜時，跟著淑照探訪港口部落的文化遺產，包括海祭場、傳統工法住屋、秀姑巒溪口魚場等，實在難以想像，一個漢族女子何以如此熟悉阿美族文化——原來，她來這裡拍紀錄片時情定耀忠，現在不但會說族語，還是部落文化的解說者。

逛著逛著，傳來一陣奇妙天籟，追蹤過去，發現聲音來自一棟大斜頂房子旁的彩色竹筒（類似洞簫）和弓弦——可想而知，海風吹來就會摩擦出聲。

Jean Paul RICHON 以風箏相機拍攝「如夢是真」。（瑋娟 提供）

「如夢是真」裝置藝術：阿美族弓弦——可想而知，海風吹來就會摩擦出聲。（瑋娟 提供）

豆芽菜在風中吟唱……（瑋娟 提供）

我斗膽叩門，一個老外迎來，我盛讚這些裝置藝術「有如希臘風神在玩樂器……」主人樂不可支，不到五分鐘，我已經坐在客廳喝咖啡了，完成一則在花東才可能發生的旅行奇遇。原來Jean 來自普羅旺斯，偕同汐止夢想社區藝術節認識的「謬斯」瑋娟，在此幽居創作，房子取名「如夢是真」，因為「它為異鄉人圓了一個有家的夢。」瑋娟如是說。

其實，花東這塊樂土，孕育了不少原民藝術家，沿台11線，光在港口部落一帶，即有巴克力藍藝術村的升火、項鍊等工作室。

近年，許多藝術家紛紛移民花東築夢，有次與嚴長壽、孫大偉同遊花東，有幸拜訪畫家江賢二住宅，但我不小心走進畫室，那種感覺好像偷偷走進了人家的夢境，隨後溜進來的大偉想必也有同感吧?!

但此次開車經過，令我感傷，忍不住憶起大偉——在這片山光水色中，月桃花香氣四溢，紅紋鳳蝶飛舞，五色鳥敲木魚般四處響著，間夾雜著紅嘴黑鵯似貓叫的喵喵聲，令人讚歎，但他卻跟我講了一個笑話：

有一對男女站在臥房陽台，一面欣賞湖光山色，一面聆聽各種鳥鳴聲。

「這是什麼聲音？」女生問。

「這是白頭翁。」男生聽音辨鳥，好不得意。

「這是五色鳥。」

「這是綠繡眼。」

走進畫家的畫室，那種感覺好像偷偷走進了人家的夢境。

紅嘴黑鵯和五色鳥的叫聲，讓我想起了孫大偉的創意笑話……

台東有許多望海民宿，將建築融入景色中，可以提供另一種思考。

「這是紅嘴黑鵯。」

「你怎麼都認識？好厲害喔！」女生仰起臉看著男生，一副仰慕表情，突然，響起一陣電子鳥聲：「這又是什麼聲音!?」

「這是——有人按門鈴！」男生臉色大變：「糟糕，我老婆回來了！」

後來，這個笑話變成房產廣告了。那趟旅行，孫大偉不停地拍照，也不時給我看他的「觀點」——透過相機視窗看到的世界，讓我受益匪淺，原來世間萬物可以這樣看。

今日清晨，我在石梯坪灌飽太平洋海風後，直奔耀忠家，想提前看看中午的「菜單」——他昨晚在潮間帶的採集，卻撞見他正要早餐。

「不好意思，我們家很窮，沒錢買菜，只能請你吃觔仔魚（蝦虎）、野生蚵、海膽，配龍蝦粥……」

我曾多次見識原住民的狩獵，瞭解唯有天生好眼力的他們，才能揭開隱藏山林、溪流和大海的美食祕密。

到了午間，我充滿期待來到他主廚的巴歌浪船屋（自家院子擠不下時，就移轉到此），菜色有：飛魚乾佐芥末山苦瓜、涼拌麵包果南瓜龍鬚菜、蝦虎沙西米、海菜牙沙拉、水煮彈塗魚過山蝦、炭

我曾多次見識原住民的狩獵，瞭解唯有天生好眼力的他們，才能揭開隱藏山林、溪流和大海的美食祕窟。

耀忠說：「我們家很窮，沒錢買菜，只能請你吃海膽……」

採集來的食材只要經過耀忠的詮釋就大放異彩。右起小米粽、火龍果奶酪（旁是月桃果實，味如仁丹）和蝦虎沙西米，皆屬於港口部落的採集文化。

港口部落的秀姑巒溪口魚場。

耀忠常上山下海採集食材。

烤紅魽肚、清蒸旭蟹月光貝、芋頭簽飯糰、炸紫地瓜……（我常忘記看過什麼風景，卻從不忘記吃過什麼美食。）

統統是阿美族的傳統食材，只是經過耀忠詮釋就大放異彩了。他說他只是保持食材的原味，但在愈來愈高深莫測的廚藝潮流中，更見清新脫俗。其中，蝦虎屬於這裡獨特的採集文化，是耀忠族人半夜站在秀姑巒溪出海口，以三角形手叉網撈上來的。傳統吃法是泡鹽水配小辣椒就生吃了。

然而，現在面對一車車的巴士，人仰馬翻，又能奈何？大家只能一起品嘗盛名之累的苦果。但令人更擔心是，在地食材資源是否禁得起如此大量消耗？最後，難免要從它處運補（說不定已經發生了），這便失去阿美族在地採集的文化意義。

就如近年各地流行把野生食材吃成一種節慶，如曼波魚節、鮪魚節，雖然獲得一時的觀光效益，卻也變成趕集似的飲食災難，最後成了竭澤而漁的生態浩劫了。

雖然耀忠做得有聲有色，卻歸功於傳統領域賜予，讓他得以在餐桌上盡情創作。以野菜來說，我即吃過他用山苦瓜、麵包果、構樹果實、黃藤心、箭筍、芒草心入菜，滋味令人嘖嘖稱奇。

事實上，阿美族可能是原民中最擅長野菜採集的民族（據說兩百多種），花蓮吉安的「黃昏市場」（約二十多家攤子）即是野菜博覽會，像十心菜——甘蔗、月桃、黃藤、林投、芒草、檳榔、山棕、鐵樹、椰子和台灣海棗（俗稱「棗椰」）等嫩芽心，或春雨後冒出來的雨來菇（阿美族說是「下雨的便便」或「大地的眼淚」），或食茱萸、馬告等香料，或林投葉和檳榔葉鞘做的炊具容器，在這裡皆有機會看到，所以，我當它是花蓮祕境之一。

車往長濱天主堂，雖說想體驗吳若石神父主持的腳底按摩，但其實是想握一下他的手——這雙手不僅為阿美族帶來天主的信仰，也為台灣創造了一項奇特的「手工業」奇蹟。

我很早就仰慕吳神父了，但知道他所屬的「白冷會」，還是透過嚴長壽推薦的《海岸山脈的瑞士人》。

我仍記得，嚴長壽背誦書中〈一封白冷會士的家書〉時，我從動容乃至慚愧，因為我對這座島嶼所知太少了。

所謂「白冷」，即耶穌誕生地伯利恆（Bethlehem）音譯，我雖曾至那兒的主誕堂朝聖過，但此刻才真正浸透、感動，因白冷會士就像有血有肉的基督化身……

這趟旅行，我主要想追尋書中的白冷會神父和修士，並以傅義修士所建的八桑安、都歷、小馬和都蘭等小天主堂為「景點」。據說這位脾氣超壞的建築師，在東部建築了四十多座教堂與建物，讓我不知不覺將海岸山脈視為台灣版的阿爾卑斯山。

我甚至在想，一五九二年葡萄牙人一定是看到壯麗的海岸山脈，才會驚呼「福爾摩沙」吧？但不要質問我，為何是東海岸，而不是東北角、北海岸、西海岸、或某個海灣？

我曾請教過海洋作家廖鴻基，他說是花東海岸，這讓我很興奮，以為他找到了某篇文獻，然而不是，而是「花蓮是我的家鄉」。我大笑，接受了鴻基的答案，因為，我喜歡歷史有些想像空間，這樣的歷史才比較有趣。

到了小馬部落，我先至小馬教堂墓園憑弔，沒料到墓園出奇樸素，沒有歌功頌德的墓誌銘，只有一根十字架寫著姓名和生卒年月，只見池作基、紀守常、郝道永等六位傳奇神父，靜靜地躺在茄冬樹下長眠，讓我不禁想起那封白冷會士家書，字裡行間流露著對家人的思念：

相信您為我所流的思念淚水，將是天主胸前最美麗的一串珍珠……
想念爸爸與弟妹們，我將在每晚的夜禱中與你們重逢……

念及此，不免一陣鼻酸，心想信仰的力量真是偉大，竟能讓年紀輕輕的他們，捐出自己，遠赴異邦，服務素昧平生的窮人和被遺棄的人，即便到了生命盡頭也沒回家，完成了「人生壯旅」。這種壯旅與玄奘取經不同，不是取回，而是完全付出。由於我們的傳統缺乏這種思維，以致旅行多為交易式行為。

小馬教堂的光影處理得極好，獨特的錐形屋頂，靈感據說來自斗笠，藉以引進自然光灑在祭台上，營造一股神聖、靜謐的氛圍。

此時，我突然想到嚴長壽籌組公益平台文化基金會，幫助花東許多原民部落做文化復興，留住年輕輩找到未來，精神頗似白冷會神父。他們都在做別人生命中的「天使」。

就說比西里岸部落的 Paw-Paw 鼓吧。

比西里岸（PiSiLiAng），意思是「養羊的地方」，位於三仙台附近。故事緣起一位范志明老師帶著一群十幾歲的阿美族少年，用定置漁網廢棄的「浮筒」（阿美語 Paw-Paw）加上羊皮和漂流木

年紀輕輕的他們，捐出自己，即便到了生命盡頭也沒回家，完成了「人生壯旅」。

小馬教堂的錐形屋頂，設計靈感據說來自斗笠。

這六位神父長眠小馬教堂墓園，沒有墓誌銘，只有十字架寫著姓名和生卒年月。

池作基神父帶領阿美族人做彌撒禱告。
（邱一新 翻拍）

做成手鼓，成立鼓樂隊，傳承部落的音樂文化，並藉由一次次的展演建立孩子的自信，後來被嚴長壽聽到了，找了朱宗慶、何鴻棋來指導，於是，愈來愈多人共襄盛舉，促成一個花東傳奇。

如果單純觀賞，只會聽到鼓聲，但瞭解了故事，便會聽到另一種來自內心的鼓聲。這就是旅行的人文風景。在花東，人往往也是「風景」，就像台東中央市場賣菜的陳樹菊。

我一直認為，花東海岸有一種難以言喻的「寬闊之美」，寬闊來自山海，來自居民的友善，更來自嚴長壽、傳教士的胸懷——這才是台灣真正的美，美在有志工的力量。

「世界上最寬闊的是海洋，比海洋寬闊的是天空，比天空更寬闊的是人的胸懷。」雨果在《悲慘世界》的一段話，用來讚美他們再貼切不過。

車至都蘭。

位於都蘭山的「月光小棧」，曾是電影《月光下我記得》場景，導演林正盛拍完後保存了下來，一樓變成「女妖藝廊」，二樓則展覽劇照和道具。這裡是我第一次聆聽台東原民歌手唱出天籟的地方。那次春節期間，月光小棧邀請了阿美族歌手龍哥駐唱，以特有的打弦即興彈唱，兼調侃自己「汪洋中的一條破船人生」——很少有人能將自己的悲情說得像解頤篇，令人笑中有淚、淚中有笑。

很巧，導演林正盛也在場。他每次返鄉，都會來此喝杯咖啡，眺望都蘭灣。我旅行時，很期待這種不期而遇，才有故事回憶。

喝咖啡時，我突然想到，如果月光小棧能早些在五、六〇年代開張，白冷會士或許能一解鄉愁：

「如果偶爾能享用一塊家鄉的巧克力，搭配一杯香醇的咖啡，該是多麼美妙的事。」

車至台東市，天色已晚，便轉往美濃高台「我自然生態農園」。白冷會聖母醫院留待明天了。

「我自然」是一家真正的民宿，主人的生活歷歷在目——試問，如果民宿沒有主人的生活觀照，與旅社又有何差別？

近幾年，自然農法在台東蓬勃發展，但「我自然」主人魏麒麟與眾不同，先養地，恢復土地應有的酸鹼值（台灣的土地因過度使用、施肥，普遍有酸度過高的問題），再養成物種多樣性的生態區，醞釀生一種「微氣候」環境。他認為，沒先顧好土地，任何農作法終將徒勞無功。

例如果園，超過上百種果樹（如柑橘、檸檬、桑椹）混種在茶園中，結果飽滿碩大，成了他的「搖錢樹」，推翻了有機品相不佳的說法。

其實，「我自然」語出《道德經》，意思是無為即可功成事遂，但無為並不是什麼都不管不作，而是不妄作，魏麒麟用於農作，令人好奇。

所以，當晚我即在魏家用餐，品嚐這塊土地的「無為」之味——其實就是令人安心的飲食滋味。

泡茶閒聊時，主人說他畢業於公東高工，主修木工，立即讓我聯想到白冷會——因為這所職校係白冷會創立，由學有專長的修士傳授土木建築、麵包、會計、機械等技藝，所以，當年台東學子不用出國，就能習得專長。

不出所料，魏麒麟是傅修士學生，還成為他的助手，參與了小馬教堂在內的許多白冷會建物——這趟旅行，在神的旨意下，我竟然與白冷會有了奇妙的接觸。

我趁機請問，書中說傅修士脾氣超壞是否為真？

「蓋台東聖母教堂時，工人沒按他交代的比例拌水泥，他就將水桶從鷹架上踢下來……」「有次蓋教堂的廚房，工人貼馬賽克壁磚接縫留太大，他擔心會沾汙垢滋生細菌，一氣之下拿榔頭敲掉壁磚重做……」魏麒麟沒直接回答，卻舉了這兩例來說明傅修士的個性，一絲不苟。但傅修士也有其可愛的一面，他常常透過實作傳授理念給魏麒麟，例如做桌椅：「桌腳不要太粗，能支撐就好了，因為樹要很久才能長成。」

因有這樣的機緣，傅修士離台時，把自己的工具箱留給魏麒麟，頗有衣缽傳承意味，但他後來卻受哲學家史作檉影響，放棄賺錢的土木建築，投入自然農作，幾乎傾家蕩產。

幸好，來自六位姐姐的資助，讓他得以實踐夢想，所以，蓋住家時多蓋了六個房間，就是給她們來玩時住，平日就做民宿。

但這座房子與一般住家的方正大異其趣，呈現不規則狀——按主人說法是依經緯線蓋出來的結果，而且，坡地故意不整平，以致客廳、餐廳、廚房各有落差，藉以牽動空氣流通，此外，還加裝了氣窗，屋頂也加蓋荷花池防曬，利用煙囪效應排出熱空氣，加上屋外還有兩座回收雨水的生態池，調節周邊微氣候。或許這就是海拔二一六公尺的台地，竟然有相當一二〇〇公尺氣候的原因吧。

這也難怪，花東雖然甚美，夏日卻像后羿時代的太陽照射，令人恨不得將太陽射下來，所以，

用定置漁網廢棄的「浮筒」加上羊皮和漂流木做成手鼓，傳承部落音樂文化，促成一個花東傳奇。

位於三仙台附近的比西里岸，意思是「養羊的地方」。

巧遇《月光下我記得》導演林正盛。

龍哥在月光小棧駐唱，撐傘者為主人「女妖」。

「我自然生態農園」主人魏麒麟設計的「有機建築」，讓一座房子會呼吸。

魏麒麟展示傅義修士的木屋設計圖。

傅義修士將工具箱留給魏麒麟，頗有衣缽傳承意味。

不論民宿和旅館皆將冷氣機開得嗡嗡作響，但在這裡，我卻看到「有機建築」的神奇，讓一座房子會呼吸。

隔天，續往聖母醫院。

庭園如修道院般靜謐，走著走著，有聖歌傳來，循著甜美的歌聲走去，發現有幾位修女在小教堂唱頌。我站在窗外聆聽，瞬間，有一種漂浮的感覺——原來聖歌是有浮力的，讓人不致沉淪在人生苦海中！

附注

孫大偉路線：

台東市→池上（大坡池）→龍田村（鹿野高台）

→富岡（美娥海鮮餐廳晚餐）→都蘭糖廠café（原民歌手表演）

→南八里（民宿）→小野柳→東河橋（熱帶低氣壓衝浪店）

→巴歌浪船屋（午餐）→大港口（巴克力藍藝術村）

→鳳林月盧品茗→太魯閣（食宿布洛灣山月邨）

→九曲洞、砂卡礑步道→花蓮銘師父（午餐）

→璞石咖啡→松園別館

與子偕行

路線：武陵農場→登山口（檢查哨）→第一觀景台→七卡山莊

→第二觀景台→哭坡→雪山東峰→369 山莊→黑森林

→圈谷→雪山主峰

「翔翔，你先上！」我叫兒子跟上來，讓他先一步跨上雪山主峰（海拔三八八六公尺），然後舉行我的登頂儀式——泡咖啡，慶祝他成為當天最早登頂的人。

猶記得二〇一〇年六月中某夜，父子倆還站在桃山（海拔三三二五公尺），眺望月光籠罩聖稜線，想不到兩個月後，我們已站上雪山頂，那份激動或許不少於一九二八年首先叫出聖稜線的台灣山岳會總幹事沼井鐵太郎吧？

這神聖的聖陵線啊！誰能真正完成大霸尖山至雪山的縱走，戴上勝利的榮冠，敘說首次完成縱走的真與美！

一九六〇年代，詩人鄭愁予也曾詩寫聖稜線，不幸遺落了詩稿，只剩一句「聖稜線是一首長詩」喟嘆它的壯麗。所幸，詩人還有《雪山輯》、《大霸尖山輯》等，留給大家傳頌、嚮往。

雪溶後　花香流過司介欄溪的森林
沿著長長的狹谷　成團的白雲壅著
獵人結伴攀向司馬達克去……

——《雪山輯》之二：〈浪子麻沁〉

但這條從環山部落出發，橫越司界蘭溪，經由志佳陽大山（海拔三二八九公尺）、雪山南峰（海拔三五〇五公尺），登上主峰的雪南線，並不好走，所以，一九六九年林務局又開闢了從武陵農場出發，經由雪山東峰（海拔三二〇一公尺）直上主峰的「救國團路線」，也就是我和兒子走的雪東線，全程十・九公里。

兒子陪爬山，老爸當然開心，但我更想在他心中埋一顆大自然的種子。也許某一天會發芽、成長，就像當年我讀了楊南郡《與子偕行》，多年後突然激發了我去走古道和登山——唉，經過二十多年努力爬金山銀山，此刻才驚醒不如爬一座青山，也就是俗話說「留得青山在」的那座青山，但要年輕人有這種哲學式思考，太難了。時候未到。

況且，等他進了大學，慢慢就會明白，人生如登山起起落落，狂風暴雨也好，豔陽高照也好，都要自己經歷，因為山要自己爬，別人無法替你爬。我不能再當他的靠山了。做父母的不能不識時務，要有放手的勇氣。

雪山頂展望頗佳，不愧是一等三角點，可惜我們腳程慢，錯過光芒萬丈的日出，太陽已掛在南湖大山、中央尖山之上了。但我不在意，我是為了俯瞰圈谷（冰斗）登頂的——因為台灣冰河地形的首位發現者鹿野忠雄，一九二八年八月某天，也是站在這裡俯瞰他的第一個證據「一號圈谷」，此後，他又在雪山山脈找到三十四個，在其他高山找到五十三個，占了台灣已發現圈谷的七成。

鹿野的發現，證明台灣曾有冰河到過——大約在一萬年前至七萬年前之間，也就是地球的第三次冰河期。

當山友忙著拍登頂照時，我卻嘗試體會什麼叫做「冰河遺跡的香味」？

楊南郡曾譯述日治地理學者田中薰對圈谷的形容：「冰河的古流路確實有一種香味，聞到這個香味的時候，人人會陶醉、興奮。發出這種香味的東西是圈谷、堆石堤、冰河擦痕、漂石、羊背岩（瘤狀岩）、U形谷等……」

香味真的有——我嗅到空氣中瀰漫著野花氣息，有玉山小檗、雪山翻白草、單花香葉草、玉山薄雪草、玉山佛甲草、尼泊爾籟蕭、碎花八寶、玉山薔薇、玉山當歸、玉山龍膽、玉山繡線菊、玉山毛蓮菜、一枝黃等，將圈谷點綴得多彩多姿。如果早一個月來，嗅到的便是圈谷「五月雪」——花團錦簇的玉山杜鵑。

一號圈谷是台灣最大的圈谷，狀如畚箕，長一千公尺，最寬處六百公尺，壯闊得令人歎為觀止，也教人爬得氣喘如牛。底處有座雨量計（海拔三五四九公尺），我猜想是鹿野忠雄當年做生態調查的小屋所在，他曾提及食物不足，只好烹煮做標本的老鼠肉度日。

在台灣高山有好幾種鼠類，來時在4K的「哭坡」（海拔二九〇〇公尺）撞見台灣煙尖鼠。牠的視覺幾乎完全退化，僅憑嗅覺和觸覺覓食，不過，鹿野吃的可能是住在三千公尺的高山鼴鼠，又名「鹿野氏鼴鼠」，皆是台灣特有種。

可能我太專注風景了，忽略兒子哆嗦不已、渾身打顫，大概先前攻頂讓他汗流浹背，加上「風寒效應」（強風會讓體感溫度比實際溫度更低），讓他瞬間凍到了。幸好，山頂到處有一叢叢的玉山圓柏，蹲下來就可避風。

這片山頂若在平常該有多麼賞心悅目，但在風聲鶴唳下卻是另一回事，冷得令人咬牙切齒。啊，都已經八月了，若按照「海拔每升高一百公尺，氣溫降低〇．六度」的算法——此刻比平地降約二十三度，加上風寒效應，體感溫度可能逼近零度吧?!

俯瞰「一號圈谷」，嗅聞冰河遺跡的香味……

虎杖

玉山佛甲草

玉山山蘿蔔

玉山山奶草

我突然想到「體溫過低症」。這是一種失溫現象。第一次帶翔翔上高山，就是走合歡群峰，本來風和日麗，突然間風起雲湧，氣溫急速降低，讓他領教了高山氣候的瞬息萬變。

據他的醫師叔叔說，顫抖是身體的防衛機制，企圖以肌肉收縮暖和身體，接著便會產生倦怠、四肢麻木、精神渙散等無助跡象，此時大腦已逐漸缺氧，人會失去判斷力做出瘋狂的行為，譬如以為很熱就脫掉衣服了——這就是凍死者一絲不掛的原因，他們的體表溫度（皮膚）下降沒有體內溫度快，導致大腦發出「很熱」、「脫衣」的訊息，至此，他們不抖了，還「含笑以終」。

想到此，我也打了個寒顫，唯一選擇是，撤退。

也難為兒子了，連續兩天夜行。第一天凌晨兩點，從登山口（海拔二一四〇公尺）重裝夜行，淋著雨爬了2K至七卡山莊（海拔二四六〇公尺）已三點多，睡不到四小時又出發，走到7.1K至369山莊（海拔三一五五公尺）已下午一點多了。

今天凌晨三點又輕裝出發，披星戴月，完全不知方向，只知穿過森林，踏過石瀑、山澗、乾溪溝，至五點多破曉才抵達9.8K的圈谷底，然後沿圈谷邊坡徐徐推進，不知不覺超越了好幾群山友，還把他們遠遠地拋在後頭，七點不到，登上10.9K的峰頂。

攻頂的最後1.1K，差點讓我們變成軟腳蝦。我發現，爬到空氣稀薄的地方時，距離感會徹底改觀，走一百公尺就像跑馬拉松，路途變得非常非常遙遠，幸好，慢慢喘，慢慢看風景，不知不覺就上去了。希望有天兒子能瞭解，許多夢想的追逐跟爬山一樣，只要踏出就有機會，只要埋頭不停地走，就有機會抵達目標……

而我也更加體會，過了中年要活得從容，事情要一件一件做，飯要一口一口吃，就像山要一步一步爬，人生才不會疲於奔命徒勞無功……

昨天，從七卡至369這一段，有對小情侶步伐蹣跚，男生像隻蜜蜂繞來繞去嗡嗡地交談，不時抱怨走太快，末了還去摟女生腰、推她屁股，想助她一臂之力——不知是挑逗或逞強，結果，弄得自己體力不支。

尤其哭坡那一段四百公尺陡升坡，我們禮讓他們倆先行，好幾次只看到巨大臀部和兩條腿，彷彿正要登上熱氣球，氣球卻突然升空，只好吊在半空中……

爬上哭坡，就等於越過三千公尺門檻，可憐他們倆已搖搖欲墜，高山症發作了，還不時放屁，我知道很尷尬——誰叫他們話那麼多呢？

兒子覺得很噁，但他也偷放過幾次煙幕彈——誰叫他也忘了老爸的叮嚀：上山絕對不能用嘴巴呼吸！

「為什麼一直放屁？」兒子問。

「波以耳定律！」我氣若游絲回答：「還記得P1V1=P2V2這道物理公式嗎？」

當海拔升至二千多公尺後，氣壓下降，話說愈多，吸入空氣就愈多，腸胃內的空氣便會加速膨脹，就不得不打嗝放屁了，就像開車上武嶺，空氣含氧不足，以致燃燒不完全，車子就會放屁。

感謝他們倆的有趣演出，讓我們爬哭坡哭笑不得，才能靠腎上腺素一鼓作氣爬上去，但情聖可能要靠睪丸素酮加速運作才爬上去吧，所以，此時他們倆就像剛做完那檔事一樣上氣不接下氣。嗯，明天下哭坡，肯定還有騎虎難下的精彩好戲！

再來就好走了。玉山石竹、高山沙參、阿里山龍膽、台灣龍膽、一枝黃、玉山飛蓬、玉山金絲桃一路搖著花鈴鐺，夾道為我們加油，腳步頓時輕快起來。

詩人鄭愁予寫「聖稜線是一首長詩」喟嘆它的壯麗。

在5K處，順登雪山東峰。雖然只是三等三角點，往南看是美麗的七家灣溪谷和武陵農場，往北看是兩百萬年前從海底上升的地質奇觀——品田山的褶皺山壁和斷崖，氣勢懾人，與池有山、桃山、喀拉業山合稱「武陵四秀」。

山是凝固的波浪。我想爬過高山的人，都會對鄭愁予這句詩產生深刻共鳴。滄海在這裡沒變成桑田，而是凝固，變成波濤洶湧的大山。

下了東峰，即遇高大的森氏杜鵑，花期已過，但我卻像見到人類學家森丑之助的身影那般興奮，不過生物學家後來根據DNA比對結果，已認定是玉山杜鵑亞種，不算新種，但無損於森的傳奇，因為台灣高山植物少說有二十種來自他的發現。

再走一個多小時，便看到369山莊站在一大片箭竹草坡中，上方為冷杉林火燒後變成的「白木林」，此時山嵐襲來，眼前就如月曆中會出現的風景，只是不敢置信，我們竟然住在裡面。

但一進去，所有浪漫想像煙消霧散。髒兮兮的登山靴、雜七雜八的衣物睡袋、到處懸掛的毛襪，一片狼籍，逼得你只好出去透透氣。

山莊前有片平台，可欣賞武陵四秀，但大多數人只是聚在一起泡茶，高談闊論，等待晚餐。登山有一種類似當兵的奇特黏著性，會讓一群素昧平生、年齡互異、行業不同的人，衍生出一種鬆散卻休戚與共的袍澤關係，只因一起爬一座山。

好吵！如果每棟山屋都有本留言簿，給山友抒發心境、記錄不尋常的事件，該有多好，例如「今天黃鼠狼偷了我一包牛肉乾……」、「這裡的酒紅朱雀不怕人……」、「半夜有老鼠舉行運動會……」、「下午起大霧，伸手不見五指……」、「志工大哥帶我找到山奶草……」，或許就會恢

希望有天兒子能瞭解，許多夢想的追逐跟爬山一樣，只要踏出就有機會，只要埋頭不停地走，就有機會抵達目標……

在箭竹草原中挺進。

父子倆喝咖啡慶祝登頂。

復山林應有的謐靜。

我坐在台階喝咖啡，看著雲霧捉弄桃山，有時纏住不放，有時一哄而散，心中不免些微不安——因為駐守的志工說，只要桃山被雲霧籠罩，就會下雨。唉，我可不想匆匆走過，什麼都看不到，然後憑張登頂傻瓜照，留下淒風苦雨的記憶。

這位志工是作家苦苓在雪霸國家公園同梯的，花草知識豐富，但他上山來不是當解說員，而是掃廁所，維修門窗。本來，我不解苦苓為什麼投身山林，後來聽劉克襄說，早年曾帶他爬過山，啊，或許因此埋下種子吧。人生遲早會領悟，最終唯有回歸山林、大自然，才能撫慰受傷的心靈。

其實，我走步道也是苦苓帶的。那一趟和侯文詠去拜訪多年不見的他，竟把我們帶到紅河谷越嶺道去談心。

這是可以理解的。登山讓生活變得簡單，時間不再有任何意義，餓了吃，累了睡，回到人的原始狀態。每天蓬頭垢面，累得半死，臭得沒臉見人，但你不會在乎，因為你已經遠離品頭論足之地了。

今夜床位爆滿——為什麼那麼多人想睡在高山呢？

以我來說，在行業中低聲下氣久了，早已忘了怎麼抬頭挺胸，每天回家看到的都是街燈下拉長的孤影，所以，上山數星星，就成了我心中一吐鬱悶的機會，運氣好的話，還可看到一顆慧星、一陣流星雨劃過天際，偷偷許三個願望。

可惜，今晚沒有慧星讓我許願，只有滿天星斗，但桃山撥雲見山，表示明天放晴，令人欣喜。

當我躺回床上，鼾聲已如天雷勾動地火到處引爆，不，是一池交配季節的青蛙在叫吧，空氣瀰漫著汗臭味、臭腳丫味、腐酸味、臭屁味，五味雜陳，於是，我只能像顆骰子般不停翻滾，滾到半

雪山頂的圓柏枯骨。

黑森林中的紅菇和狹葉泥炭苔。

由冷杉純林構成的黑森林。

夜二點起床整裝。

再回到我們父子的撤退吧。當下撤至圈谷底解說牌處，暖和多了，便回過頭來仰望圈谷和冰坎、冰蝕啞口（主峰與北稜角之間的鞍部）等冰緣地形，等待隊友下來，一起進入黑森林。

黑森林是台灣少數倖存的冷杉純林，林相非常優美，地衣苔蘚蕈類叢生。據《聽看雪山》這本書指出，9K 處有「冰河擦痕」，可惜我沒能找到。

其實台灣山林真的很美，不只美在林相山勢，還美在它的生態，所以，總希望有那麼一天，帶我們爬山的領隊，也能帶我們認識蟲林鳥獸，還能幫我們挖掘隱藏的人文歷史，讓爬山不再只是攻頂而已。

接著來到8.9K 舊營地（海拔三三八五公尺），告示牌說「大型動物出沒，禁止在此露營及生火」，啊，有熊出沒，證據是一棵被熊爪剝下一大塊樹皮的冷杉，令人毛骨悚然——假設抓的是你的背部。你永遠不知道森林裡藏了什麼。大家議論紛紛，好像黑熊即將現身，突然，有人氣餒地說：「人跑不贏黑熊的……」的確，如果黑熊追擊，逃走的機率很低。

「沒關係，我們不用跑贏熊，只要跑贏他們就行了！」我偷瞄一下周遭隊友，小聲地跟兒子說。

我們很幸運，沒出什麼差錯，雙腳像掛了馬達一路疾行，轉眼輕舟已過萬重山，回到登山口。

下到武陵農場時，大家顧不了疲憊，往商店衝。天啊，我們只不過在山上走了兩夜兩天，竟然有恍如隔世的感覺。如今一瓶冰可樂，竟能使我們幸福無比，我知道這樣說有些誇張，但那一刻的確如此。

這時我才明白，登山其實是一種「剝奪」。它會消除生活中的一切便利，讓你回到簡單生活，重新恢復對生活中平凡事物的驚喜與感激。尤其身為一個父親，我期待還有機會，寫下更多與「子」偕行的驚喜。

追尋馬偕牧師的旅跡

路線1：淡水捷運站→馬偕登岸雕像→馬偕街→偕醫館→淡水禮拜堂

→真理大學：牛津學堂、宣教師宿舍、馬偕故居

→淡江中學：婦學堂、淡水女學堂、女生體育館、馬偕墓園

→淡水渡船頭→八里渡船頭→公車→觀音山→硬漢嶺

路線2：頭城烏石港→花瓶嶼→棉花嶼→彭佳嶼

路線3：頭城烏石港→賞鯨船→龜山島→北部濱海公路→三貂嶺燈塔

→貢寮田寮洋街慈仁宮

二〇〇九年四月底某個風和日麗的早上，我沿著硬漢步道，輕易登上觀音十八連峰最高的硬漢嶺（海拔六一六公尺），但一八七三年左右，馬偕牧師（George L. Mackay,1844~1901）與其門生嚴清華（北台灣首位信徒）卻是費了一番功夫，雙手都被芒草割傷了，才登上觀音山——或許就是我站的位置。

據《福爾摩沙紀事：馬偕台灣回憶錄》記載，阿華對爬山「只為了看風景」難以理解，也看不出腳底下的風景有什麼美，但在馬偕引領下，他打開了眼睛，看到上帝在大自然中的信息，「每一片葉子都是一種語言，每一朵花都是一個聲音」，才真正懂得欣賞風景。

一百多年後，風光依然旖旎，沿淡水河出海口望向海天一色，令人心曠神怡，再拉近視野，漁人碼頭、挖仔尾紅樹林保護區、八里左岸與大屯山構成的明信片式視野，如詩如畫，再溯河而上，關渡大橋、基隆河、淡水河也一覽無遺。

有趣的是，平日覺得亂糟糟的台北城，換個不同角度去看——鳥瞰，竟萌生另一種美，不知翱翔的赤腹鷹、灰面鵟鷹和大冠鷲（蛇鵰），是否有同感？

「為什麼過境猛禽會聚在這裡？」我請教一位拿望遠鏡的鳥會志工，他們每年三至五月都會來觀音山值勤，幫遊客解說。

「這裡食物多啊。」他轉頭看我：「蛇~很多。」

「為什麼？」

「墓仔埔啊，一大片~」他想當然說：「老鼠多，蛇就多，你看四腳蛇到處爬，蛇來蛇去。」說完又去服務別人，留給我一個食物鏈的聯想。

按風水，山北水南為陰，觀音山就成了墳墓區，況且，墓碑俯拾即是——觀音石，馬偕蓋教堂和學校都有用到，連總統府也用來當地基。

我一向欽佩大航海時代的基督教傳道人，他們不畏險阻到異國傳福音，過程如史詩般令人著迷，例如南非洲的李文史東、台灣的馬偕。藉由他們的文字紀錄，我們才能跨越時空洞察當時的地理風貌、自然生態、風俗民情，或者當時的旅行工具、路況、食宿，甚至看待一個地方的態度……

馬偕的觀察力敏銳，例如對穿山甲的描述就極生動，說牠「假死捉螞蟻」，也提到民間迷信「摘取穿山甲尾巴末端算來的第七片鱗甲，掛在小孩頸上，做為避邪之用」，可見他多融入庶民生活。

但馬偕描述的小孩遊戲：「棒子兩端各綁一隻金龜子……兩隻金龜子繞著圓圈，愈飛愈快，到最後，看起來像一個黃色的圓圈。」卻讓我汗顏，因為小時候我也有過這種無知的殘忍。

這是閱讀旅行的樂趣。只是閱讀《福爾摩沙紀事》比較尷尬，我們的祖先成了被觀看者，成了無知、野蠻、迷信的異教徒，成了被研究調查的人種，而我們的島成了被探險的蠻夷之邦，成了西方讀者眼中的異國情調和茶餘趣聞。

有關馬偕的遺跡，大多在淡水。我從馬偕一八七二年三月九日上岸處（淡水郵局後方河岸處）的禱告雕像出發，尋訪他創立的偕醫館、禮拜堂、牛津學堂（真理大學校史館）、宣教師宿舍（真理大學教士會館）、馬偕故居（真理大學會計出納室）、全台女子教育之始的女學堂（淡江中學女學校大樓），再至他長眠的墓園——隔牆是外僑墓園，據說為了表明他是「台灣人」而建了這面牆。實際上，他是蘇格蘭裔加拿大人，卻努力將教會本地化，所以，也娶了台灣女子張聰明（首位女信徒陳塔嫂的養孫女）為妻。

為了傳福音，馬偕帶著鉗子到處旅行——幫人拔蛀牙，也拔除對他的敵視。據他宣稱，一八七三至一八九三年間，總計拔了兩萬一千顆以上的牙齒。

以艋舺的傳教為例，馬偕屢遭威脅、屈辱，地方官府也命他離去，但他卻一手拿《聖經》、一手拿鉗子與之對抗，不屈不撓，終於為長老教會在艋舺打下根基。馬偕的拔牙充滿隱喻——拔掉人們不信神的「鐵齒」。

令人驚訝的，馬偕很早就學會閩南語（跟牧童學的），可猜想一定相當口語化、俚語化，打動人心，福音的種子才能散播北台灣和宜蘭等地，有趣的是，他也同時散播他引進的外來蔬菜種子，如花椰、蘿蔔、番茄、蕪菁、敏豆、芹菜，讓福音傳播充滿隱喻。因此，今天在北台灣看到長老教會，或有可能是馬偕親自埋下的磐石。

就連後山，他也去了三次，接觸過加禮宛社（花蓮市區）噶瑪蘭族和南勢（吉安）阿美族。當他第三次由南方澳前往時（一八九二年五月），有一段深刻的夜航寫景：

夜真美極了。林木繁茂的長，而高的山嶺像黑牆似的地立右邊；而左邊則是汪洋的大海。天上有繁星閃耀，下面則有水母、沙蟲及滴蟲類等海洋生物活動著。我曾經在孟加拉灣及阿拉伯海中於輪船後面見過許多奇觀，卻從未見過可與那天夜裡燐光燦爛的美景相比者……

我從書中發現，馬偕習慣坐在船尾舵手旁——即他所謂的「一個很適於觀賞風景的位置」。我猜測，當年葡萄牙人也是看到這片海岸（蘇花公路）而發出「福爾摩沙」的讚歎吧?!

從觀音山遠眺淡水河出海口，風光旖旎。

偕醫館

馬偕故居，現為真理大學會計出納室。

馬偕登岸禱告紀念銅像。

馬偕和夫人的墓園。

女學堂

牛津學堂

禮拜堂

馬偕在台傳教二十九年，蓋了六十座教堂，其中位於三貂嶺凱達格蘭族的「賓教堂」，係紀念感召他赴海外宣教的賓威廉牧師（William C. Burns,1815~1868）。賓威廉曾在中國傳教二十年，「基督徒」（Christian）一詞即為他首譯。

「該教會在一條清流的堤上，位置優美，建物相配，石造，用灰泥加以塗白，且有玻璃窗，光線良好。」從描述即可想像這座面對雙溪河的白教堂，景致如畫，但不知何故，賓教堂卻消失了，是教友搬離？或又回到媽祖信仰？我曾按教友陳俊宏〈發現新社的賓教會遺址〉，幾經查詢，終於在貢寮田寮洋街的慈仁宮旁護坡上草叢中，找到疑似賓教堂殘跡的牆腳。

從廟中清光緒八年（一八八二）的牌匾「德被海天」落款「紳耆民番暨信士等敬立」和樑柱捐獻者「潘」姓落款，可見凱達格蘭族漢化信仰極深。潘是此地頭目的漢姓，不知何時取的或誰給的，一說取自筆畫「水米田」的涵義，一說清代官員賜姓的結果——隨便給個姓，或者我猜想的，以其住在「水」邊之「番」而名。

這趟尋訪，讓我意外闖入凱達格蘭族登陸台灣的發祥地。在慈仁宮附近有座潘姓祖祠，神桌上的「山西祠」旁注「祖曰來自山那賽閩音譯之山西也」（山西是Sanasai中文音譯，可能是南洋某地），還有桌下一塊據說有四千多年的石碑，透露出他們源遠流長，但我見內牆有教會圖案，想必受到馬偕的宣教影響吧?!

除了北台灣，馬偕也沒遺忘外島，因為「眾海島必等候我」這句《聖經・以賽亞書》的預言，激勵他於一八八八年一月間前往龜山島，為島上三百多位居民傳福音。

從馬偕回憶錄得知，他對動植物和地質頗有研究。提到龜山島，他指出有粘板岩、砂岩、火成

馬偕的拔牙充滿隱喻——拔掉人們不信神的「鐵齒」。

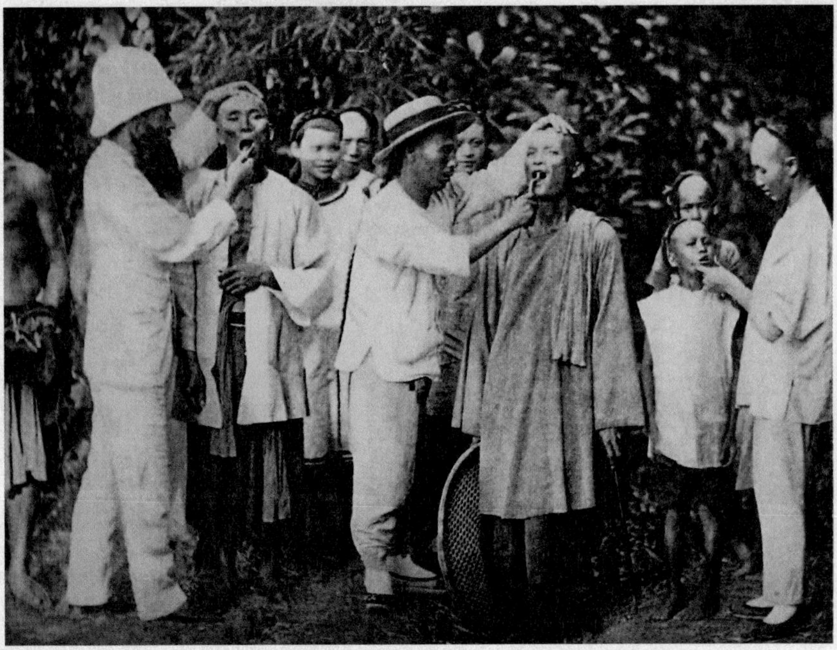

馬偕 1873 至 1893 年間，總計拔了兩萬一千顆以上的牙齒。（邱一新 翻拍）

疑似賓教堂遺址處。

馬偕傳福音。（邱一新 翻拍）

據說馬偕曾在這兩棵茄冬樹下幫人拔牙、傳福音（位於三星鄉天送埤）。

岩，也有硫磺蒸氣從海中冒出，還有座池塘（龜尾潭）：「退潮時，池水是淡的，但在漲潮時，池水就含有鹽分……」

二〇一〇年四月，我跟台北市野鳥協會搭船過來，船老大先在附近海域尋找鯨豚，再繞島一圈欣賞火山爆發後造成的四層地質和海蝕洞穴、礁岩等。「那是哈巴狗……那是龜首……你們看那片卵石灘，像不像神龜擺尾？」船老大用麥克風解說島的種種：「你們從宜蘭那邊看過來，龜山島如果『戴帽子』──有一團雲霧在上面，就表示宜蘭要下雨了。」

島上地形陡峭，原生林遍布，其中蒲葵林係台灣僅存族群，讓我想起小時用的「葵扇」，不就是用蒲葵葉做才得名嗎？馬偕想必搖過吧。

在鳥會志工鷹眼掃蕩下，發現島上滿地鵐──計有灰頭黑臉鵐、黃眉鵐、小鵐、白眉鵐、黃喉鵐等，還有白鶺鴒、黃尾鴝、樹鷚、小椋鳥、八哥、藍磯鶇、白腹鶇等。在龜尾潭，我們也觀察到紅冠水雞、白腹秧雞、牛背鷺、小白鷺、池鷺、棕耳鵯、綠蓑鷺等。聽資深志工如數家珍辨認這些鳥，是此行最大樂趣。

「帶隊就是這樣，只能把興趣放一旁……」領隊志工謝廣珊如此說，對我獨善其身的觀念頗有啟發性。

回程時，我看到船尾有釣線擬餌，便央求船老大「放棍」（拖釣），果然釣到好幾隻鬼頭刀，讓此行多了一個「記憶標籤」──這是我儲存旅行的方式。

其實，更早聽到福音的外島是「北方三島」──位於基隆東北方四十三至五十六公里的花瓶嶼、鳥嶼（棉花嶼）和大嶼（彭佳嶼）。

我跟著基隆市野鳥協會才得以成行，因為北方三島已劃為野生動物保護區。二〇一二年七月十九日半夜四點，我們由馬偕時代的打馬烟（烏石港）出發，六點左右便看到晨光中激起滔滔白浪的花瓶嶼，彷彿創世之初剛從海中升上來，我相信馬偕一定看過這一幕。

可是抵達棉花嶼時正逢漲潮，船艄一靠便往上翹，根本難以跳船，試了幾次，終因落差過大，只好轉往彭佳嶼。

一八七九年，馬偕首訪問彭佳嶼時，舢舨船也是無法靠岸，只好由居民腰纏繩子游過來綁住船，慢慢拉往岸邊，再趁浪潮往上推時，趕快跳下岸給居民接住——今日彭佳嶼已有簡易碼頭，即便如此，船老大也要抓好切入角度，趁船艄來來回回碰觸防波堤瞬間，讓我們輪流跳上去。

可惜彭佳嶼鳥況甚差，不免失望。一八六六年六月英國博物學家柯靈烏（C. Collingwood）來時，還誇張地形容，一不小心就會踩到海鳥，但我連鳥屎都沒踩到，停留兩個多小時，只記錄到無精打采的小環頸鴴、金腰燕和牛背鷺。

突然，有鳥友發現一團殘羽，請教帶隊志工江明亮，他以福爾摩斯辦案態度端詳說：「不是鴿子～」他掀開殘羽，摸出一截頸骨看了看：「應該是夜鷺！」

遊隼獵殺的嗎？劉克襄在《台灣舊路踏查記》的〈島路〉一文指出，當他登陸棉花嶼時，曾看到遊隼追逐小鳥。

值得一提是，日本博物學家伊能嘉矩在日治第六年（一九〇一）曾來探查過，發現彭佳嶼有成群的短尾信天翁繁殖棲息——後來不知何故消失了，據克襄引述日治首位台籍氣象官周明德的回憶錄《風起雲湧時》，說短尾信天翁一九三五年前即已絕跡，他懷疑可能因一九〇六年建燈塔導致棲地破壞，但也可能因日人的羽毛採集而滅絕，或者，我亂猜的，捕食殆盡？因為馬偕有提到島民吃醃鳥肉。

我對擅長跨海飛翔的信天翁非常痴迷，多年前曾至紐西蘭南島但尼丁觀看皇家信天翁，目前，短尾信天翁主要棲息在日本伊豆鳥島和釣魚台的南小島，但說不定，彭佳嶼的信天翁逃到那兒避難了。

我心中納悶，馬偕去了彭佳嶼三次，怎沒提到短尾信天翁呢：「我在島上看到有幾群山羊在小丘上跳著，但沒看到其他動物……」會不會那時候還沒飛過來，要等日本人治台、島民移居基隆後才飛過來？但這句話充滿預言性，果不其然，後來連山羊也被吃光了。

不再胡思亂想了。天氣熱爆，上岸不到一個小時，大家已暈眩不堪，紛紛坐在土地公廟前吐舌喘息，何況鳥類呢？

此時，我雙腳突然發癢（竟然穿短褲），以為被蚊蚋咬了，但鳥會總幹事沈錦豐提醒我：「回去一個禮拜後，如果發高燒，要趕快去看醫師，跟他說你有上過彭佳嶼，他就知道怎麼一回事了。」原來，他擔心我被恙蟲咬了——他親身經歷過，初時以為感冒，幾經折磨才找到病因，幸好對症下藥就痊癒了。

說實在，彭佳嶼無啥景觀，勉強可提的是燈塔和氣象台，以及火山口駐軍基地的「海疆屏障」碑（二〇〇五年阿扁宣示釣魚台主權所立）。在我登島後一個月，馬英九也來了，對著東北方一百四十多公里遠的釣魚台書空咄咄。

我四處走動，跟著鳥會植物專家辨認了一些植被，有海芙蓉、石板菜、酢漿草、爵床、雙花蟛蜞菊、草海桐、濱豇豆、脈耳草、毛馬齒莧、天蓬草舅、茵蔯蒿等，開花的有肥豬豆、黃槿、朝鮮

花瓶嶼彷彿創世之初，剛從海中升上來。

趁船艏碰觸防波堤瞬間，一個個輪流跳上彭佳嶼簡易碼頭。

彭佳嶼燈塔

石板菜

朝鮮紫珠

紫珠、銳葉牽牛、馬鞍藤等。在島的西南方還意外撞見咕咾石（珊瑚殘骸）堆砌的牆跡——很遺憾後知後覺，直至有天讀到〈島路〉，才恍然領悟可能是馬偕到過的聚落廢墟。

馬偕對彭佳嶼著墨不多，只提到有百多位居民住在石屋，栽種玉米、小米、南瓜和豆子維生，但對島民到棉花嶼捉鳥的過程卻有翔實描述——「到了傍晚，當鳥兒回到草地上休息時，這些人就帶著火炬，把鳥塞入他們的大袋子，然後拿到一個旁邊有燒著火的大石頭上，一隻隻的摔死，堆成好幾堆有數呎高……到了早上，這些鳥都被拔了毛、醃了鹽後烘乾。」

根據馬偕敘述，島民捉鳥後，再去鉤「大烏龜」——我猜是大海龜吧？要不就是象龜了？但是，要上沒碼頭的棉花嶼更難，如果船老大沒掌握好波浪起伏，讓船頭與礁岩差不多高是很難跳上去的，一失足不死也要半條命。

捲土重來已近中午，浪頭仍然偏高，當第三位鳥友因船身震盪差點踩空後（幸好被抓住），船老大嚇壞了，要求其餘人放棄登岸，我只好望著島上一大片海芙蓉興嘆，想像牠們是馬偕記載的海鳥：「有數百萬隻的海鷗和燕鷗棲息在這裡，當牠們回來時，會先在上空稍作盤旋，然後，全體翅膀就像是個掀開的大斗篷一樣，下到地面休息。整個坡面滿滿的都是鳥，搭船來此看這景觀是值得的。」

幸好，船老大也沒打算閒著等，繞島觀賞火山凝灰岩和海蝕礁岩，駛至東側時，斷崖外有座二十多公尺高的屏風岩，盤旋著數十隻白腹鰹鳥，不時俯衝水面抓魚，讓我們看到都忘了暈船。

繞回接駁處，登島三勇士尚未歸來，船老大只好釣魚打發時間，鸚哥、紅礫仔、石狗公、白帶魚紛紛上鉤，魚況頗佳，心中不免對午餐有所期待，但掀起鍋蓋——白帶魚煮麵，看來有許多魚刺當牙籤了。

2011 年基隆鳥會在棉花嶼為四隻大水薙繫上腳環。（周成志 攝影）

棉花嶼

大水薙的幼鳥。
（沈錦豐 攝影）

大水薙在棉花嶼築巢孵蛋。
（周成志 攝影）

待三勇士凱旋，又是一番驚險，所幸都跳上船，不然就要留下來當魯賓遜了。

「有沒看到？」船上人迫不及待問，沒問看到什麼，但皆知在問大水薙。因為大水薙在棉花嶼築巢繁殖，是基隆鳥會在二〇一〇年率先記錄到的，翌年還為四隻大水薙繫上腳環。

「有兩巢在孵蛋，」他們找到五個巢穴，興奮之情溢於言表：「其中一隻有腳環。」一陣歡呼，大水薙以棉花嶼為家了。

這個對話讓我想到馬偕在台灣傳道帶來的影響——透過對大自然生態的研究，讓人認識上帝創造萬物的偉大，同時，也帶來了啟蒙，釋放了當時人的心靈和思考，誠如他說：「在旅途中，每個人每天都會習慣性的去收集某種東西的標本，像是植物、花、種子、昆蟲、泥巴、黏土等，到了休息的地方時，就對所收集到的東西做研究。」

或許，我們應該稱呼馬偕為「自然神學家」，因為他說：「我每次出去旅行、設立教會，或者探索荒野地區時，都會攜帶我的地質槌、扁鑽、鏡頭，並幾乎每次都帶回一些寶貴的東西，存放在淡水的博物館。」相形之下，現在的旅行，所帶的工具多為手機、相機，以為有Google即可挖掘前人的知識礦脈，但缺乏接觸探究，缺乏道聽塗說地蒐集，缺乏觀察和理解，即使拍了一大堆照片也彷如幻影。

此時，船正繞行花瓶嶼給大家拍照，這座五十公尺高的陡峭火山礁根本無法泊靠，只有數隻鴿子歇腳，有人說是賽鴿——我不禁想到，若牠們不返航，是否有勇氣離開舒適的鳥籠遠走高飛嗎？我彷彿看到自己的處境，難道是上帝給我的訊息？

「你現在是什麼鳥並不重要，接下來想要成為什麼鳥才重要！」

站在三九五二

路線：東埔山莊（宿）→檢查哨→塔塔加鞍部（登山口）→孟祿亭→白木林觀景台→大峭壁→排雲山莊→南峰叉路口→大崩壁→圓峰山屋（宿）→南峰叉路口→風口→玉山主峰

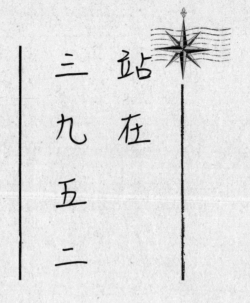

「四點四十八！」有人報出登頂時間，二〇一一年六月四日，我們攻上玉山頂，但顧不了歡呼，大家紛紛逃到東側肩坳躲避蔌蔌來襲的寒風。此刻風聲咻咻，有如子彈亂飛，令人喪膽。

我望向東方，中央山脈上空一片鈷藍，塗著一抹抹的橘紅雲彩，頗有開天闢地的味道。嚮導卓福星（卓哥）說，再過一會兒，太陽就會從馬博拉斯山和秀姑巒山之間跳出來。

我們剛從風口攻上來。風口名不虛傳，慓悍凜冽，感覺整座山都在震動怒吼，與我在南極遭遇的暴風有拚，不是我危言聳聽，要不是有鐵鍊可抓，我早飛出去了。

我們戴著頭燈，一個挨一個，緊盯前者踩點亦步亦趨，唯恐一步踩錯，掉到令人死不瞑目的媒體版面，不知一百多年前首登玉山的森丑之助，如何爬上來？

據森丑之助《生蕃行腳》敘述，一九〇〇年四月，他陪同人類學者鳥居龍藏，從阿里山特富野社出發，經石山、鹿林山，越過塔塔加鞍部，循玉山山脈西陵，經前峰、西峰，紮營在某處瀑布（推測在排雲山莊下方溪源處），再繞經南陵攻上主峰——幾乎與今日一致，不禁佩服布農嚮導研判路線之準確。

比起當年，現在爬玉山容易多了。從塔塔加登山口（海拔二六一〇公尺）走八・五公里步道至排雲山莊（海拔三四〇二公尺），再往南走〇・七公里至南峰叉路口（海拔三五四〇公尺），接著沿之字陡坡走一・三公里至風口（海拔三八〇〇公尺），然後一鼓作氣仰攻四百公尺碎石坡，由西壁登上主峰（海拔三九五二公尺）。

稍後，陸續有人攻上來，也跳進肩坳處躲風，看到我們嚇了一跳，以為我們昨晚露宿山頭——真歹勢，壞了他們搶頭香的願望。

從玉山頂觀望日出：太陽從馬博拉斯山和秀姑巒山之間跳上來。

玉山主峰：森丑之助當年是否也站在這裡念天地之悠悠？

起這麼早，也是不得已。此次上山，恰逢排雲山莊整建，我們只好像發條玩具般蹦蹦跳跳多走一．九公里路往南峰方向的圓峰山屋（海拔三六四〇公尺）過夜。有登山經驗的人皆知，在三千公尺以上多走個一公里，可是很要命地喘，每一步都是掙扎，更何況多背一袋十多公斤的大背包，所以，當我們抵達山屋時，已經有人高原反應了。我曾有過那種經驗（在青藏公路），一顆頭顱彷彿繫了線的氣球在飄，隨時要爆裂。

但多走這一段頗值得，沿途皆在林線之上，展望頗佳，玉山杜鵑燦爛，不像先前病奄奄的、一副殘花敗柳樣子。據卓哥說，三月下了幾場雪，花苞凍傷掉落，花況不若往年。不過，玉山圓柏倒是蔚為奇景，枝幹糾結扭曲，形成一大片姿態萬千的樹海，此外，還有玉山小蘗、玉山薔薇、玉山當歸、玉山薊等台灣特有植物，同時，我也意外撞見俗稱「兔子柺杖」的寄生植物「川上氏肉蓯蓉」（列當科）。

行經大崩壁時（海拔三七六〇公尺），抬頭是巍峨的主峰岩壁，低頭是一瀉千里的碎石陡坡，令人怵目驚心，雙腿不覺戰戰兢兢，偏偏腳下的礫石板岩，不時發出龜裂聲，還應聲剝落咚咚地滾下去，引起一陣狼煙塵囂，彷彿想召喚更多的亂石一起滾下去，讓人神經緊繃，如履薄冰。

行至中途，眼尖的卓哥，發現一排不甚明顯的V形蹄印，說是長鬃山羊的，真令人咋舌，這種地形如何上上下下？

近幾年，屢聞登山路線坍方，土石流為患，一失足就是閻羅王召見。幸好，我們跟著「福星」走。卓哥是南搜先鋒成員，出入玉山數百回，去年冬雪曾來此搜尋罹難山友，所以每次帶隊走大崩壁，總會瞻前顧後叮嚀再三，但看他走得如此輕鬆自在，真想叫他脫掉鞋子，查看他的腳盤是否如山羊

森丑之助發現命名的「森氏杜鵑」，玉山杜鵑亞種。

玉山迎賓松——台灣鐵杉。

俗稱「兔子柺杖」的寄生植物川上氏肉蓯蓉（列當科）。

玉山小蘗

玉山圓柏糾結扭曲，蔚為奇景。

腳蹄？

從玉山主峰經圓峰、三叉峰至南峰，是一條鋸齒連稜，看起來像一座長城，非常誘人，卓哥突來靈感，說半夜拔營時，若氣候許可就改走稜線攻頂，令人期待，因為當年鹿野忠雄也曾走過。

這條稜線也是荖濃溪（東側）和楠梓仙溪（西側）的源流分水嶺。日治初期，都以為荖濃溪向東流，沒料到卻在八通關附近大迴轉，與楠梓仙溪隔著玉山山脈往西南走，在旗山匯流稱為高屏溪。不過，這個發現是森丑之助花了二十五天繞行玉山山脈一圈後才得知，也證明了玉山山脈是獨立地壘，非屬於中央山脈。

所以，當我昨日卑躬屈膝蹣跚前進時，居高臨下的溪谷就是楠梓仙溪。但我不覺得它的存在，因為深不可測，聽不到水聲傳來，反而不時聽到松濤聲，彷彿楠梓仙溪在空中流轉，令人稱奇，疲憊感立即流失三成。

在圓峰山屋紮營野炊後，狂風驟起，唯恐帳棚難以招架，趕忙找了許多石頭壓住。幸好有先見之明，半夜好幾次瀕臨掀頂，我只能像烏龜瑟縮在睡袋中，祈禱——再來似乎沒什麼好說的，冷死了。

祈禱果然有效，深夜噓噓時，發現月光皎潔，繁星閃爍，甚至還看到一顆流星劃過天際——明天可望轉晴了（星光是好天氣的預兆），但強風仍轟轟作響，尿液還來不及落地就飄灑出去了。

凌晨三點，我們冒著強風開拔，打消走稜線的念頭，循來路走回去，每個人都亮起頭燈，一前一後緊緊跟著，直至南峰叉路口，才卸下重裝，以輕裝攻頂。

有人問：「會不會被偷走？」

行經大崩壁，腳下的礫石板岩，不時應聲剝落，一瀉千里。

我們在圓峰山屋外的圓柏林中紮營。

圓峰山屋

卓哥是南搜先鋒成員，出入玉山數百回。

「怎麼可能？」卓哥消遣他說：「自己的都背不動了，還有力氣幫別人背嗎？」

五點十分，太陽總算露臉了，光輪一圈圈向外放送，凍僵的身體跟著融化，大家紛紛跳上岩頂拍照。此時風雲噴泉似地攪動，有如宇宙洪荒之初，太美了，將我完全震懾住，不禁一陣莫名感動，好累，但好值得。

我望向東方，只見南湖、中央尖、東郡、秀姑巒、大水窟、向陽、關山等名山，由北到南一字排開，峰峰相連構成中央山脈，更遠則是雲海中的雪山群峰。我站在三角點石柱旁，內心澎湃，畢竟完成了人生夢想之一。環視玉山群峰崢嶸險峻，拱著主峰，不由自主想到，當年鳥居龍藏、森丑之助、鹿野忠雄等人，是否也站在這裡？

此地在不同時期安置過神龕、三角測量架、于右任銅像和各種碑石，後來全被推翻，現在僅立「玉山主峰」文字碑，避免爭議，可見玉山一直有它的「政治高度」，有人來明志，有人來沉澱心情，也有人來學人生道理……看來，每個人上玉山都為了找希望。

但森丑之助一行人卻書寫紀念文，作詩獻給山神，還留下信件，期待下次登頂的人寄回給他們（東京帝大人類學教室）。最後一次（一九二六跳海自殺那年），他將家鄉帶來的小石頭，帶到山頂交換一顆石子，用一種很特別的方式長眠玉山。

坦白說，我很想有樣學樣寫封信，但怕拿不到回信，還吃一張亂丟垃圾的罰單。同行山友，有人帶家人照片上來，有人學宋楚瑜打電話給老婆，也有人山盟海誓……在台灣之巔許願，更靈吧？

我禱告後就下撤了。我對攻頂本來就興趣缺缺，只想早點下來踏查花草。此次原想湊齊千元鈔背面圖案（玉山、阿里山雲海日出、帝雉、玉山薊和七葉一枝花），可惜七葉一枝花仍緣慳一面。

當下撤時，我才驚覺攻頂最後一段是如此陡峭險峻，真懷疑稍早怎麼爬上來？可能摸黑夜行，青暝牛不怕槍，不知要害怕。職場亦然，下來比上去更難，更需要勇氣。

但此段路並不荒涼，不少岩壁植物生機盎然，如玉山薄雪草、尼泊爾籟蕭、玉山佛甲草、玉山筷子芥、玉山薊、髮草等，再過一個月就要展露花顏了。

回程晴空萬里，幾乎被太陽咬著走。過了排雲，我徵得卓哥同意，殿後慢慢踱回塔塔加。果然，沿路找到不少以玉山為名的花草，如玉山龍膽、玉山水苦賈、玉山鋪地蜈蚣、玉山小蘗、玉山小米草、玉山沙參、玉山假沙梨等，以及阿里山龍膽、高山瓢白草、高山繡球籐、台灣野百合……啊，美麗的六月。

回到 6.8K 處大峭壁（海拔三一七三公尺），趁機尋找石壁上的造山運動證據——海底的「波紋痕跡」，不小心驚擾到箭竹林中覓食的獼猴群，只見牠們齜牙咧嘴，嚇得我緊握登山杖準備應戰，然後又呼嘯而去，令我不解——不解獼猴為什麼老是找上我？

大峭壁上的「波紋痕跡」來自海底，是造山運動的證據。

行至 5K 處白木林休憩亭（海拔三〇九六公尺），先前上山遇過的赤腹松鼠和金翼白眉又來討吃的，後者肥到快要變成珠雞了。此地白木林是鐵杉火燒後的遺骸，底下的箭竹、杜鵑和小鐵杉正進行著植物演替的生存競爭，不知百年後又是什麼景觀？想到昨日在此遠眺玉山主峰，仰之彌高，覺得要爬上去簡直不可思議，沒想到隔了一天，已經登頂歸來。

再走至 1.7K 處的孟祿亭（海拔二八三八公尺），離登山口只剩一・七公里了，我遙遙落後其他山友，踽踽獨行，忽然想到二月間報載，這區域過去一年來估計有上百隻台灣黑熊出沒，玉管處認為定期「靜山」有成，欣慰之餘，提出五條面對黑熊的戰術：

一、黑熊沒有看見你，輕聲離開。

二、黑熊看見你時，不要出聲，輕聲離開。

三、被黑熊追要快逃。

四、不爬樹、不裝死。

五、努力保護自己身體求生。

如果發生第一、二條的狀況，我相信大多數人的反應是「啊」一聲，就拿出相機猛拍，丟食物餵牠，好讓牠多擺些姿態，而不是輕聲離開吧？

如果是第三條，趕快逃吧。不過，根據我在非洲獵遊的經驗，只有「食物」才會奔逃。而且，你或許也聽說過，台灣黑熊跑得很快（時速四、五十公里），還擅長爬樹游泳——嗯，我真正的意思是「你無處可躲了」，只能遵守第四、五條。

「這就是我帶兩枝登山杖的原因。」我向泰雅獵人朋友解釋：「在山林中，你永遠不知道什麼時候會有危險。」我想像或許可學蒙面俠蘇洛在黑熊胸前皮草俐落地劃上三刀（**Z**）嚇住牠。

「你想跟黑熊打架？哈～」

哈，我很可笑嗎？難道要等著咬嗎？我的泰雅獵人朋友竟然用一種讓人無地自容的鼻腔音說：「你看我這把刀，大概只能幫牠修修指甲！」這麼說來，我手上另一把祕密武器——瑞士刀，只能

有人來明志，有人來沉澱心情，也有人來學人生道理……看來，每個人上玉山都為了找希望。

揪心感人的壯舉：帶家人、友人照片登玉山。

大峭壁上的「波紋痕跡」來自海底，是造山運動的證據。

阿里山龍膽

玉山沙參

玉山龍膽

玉山薊

玉山薄雪草

幫黑熊背部刮痧？

他的重點是，對抗只會激怒黑熊。

「不然，你們獵人會怎麼做？」

他以不解的眼光看著我說：「趕快逃啊！」呃，真是謝了，我以為你會裝死。

說到黑熊，不免想到玉管處的「黑熊」志工，每年要處理四萬個登山客的排泄物，不禁肅然起敬。若不是他們，玉山國家公園恐怕早就遍地黃金了。所以，當我看到孟祿亭生態廁所衛生紙堆積如山，不免猶豫丟還是不丟？雖然不差我這幾張，還是毅然決然包進垃圾袋——帶走。

「我願意當高山保育志工嗎？」我問自己，不覺一陣臉紅，就像沿途盛開的紅毛杜鵑。

重溫博物學者
踏查山林的樂趣

路線：羅東→三星→棲蘭→四季→繼光橋→南山→思源埡口
→武陵農場→武陵茶莊（臘梅、茶腹鳾）→七家灣溪→觀魚台
→櫻花鉤吻鮭生態中心→七家灣遺址考古物品（武陵賓館2樓）

R.O.C.

11.303

近年我常往武陵農場跑，感受四季的更迭，也重溫日治時期博物學者踏查山林的樂趣。當車子循台7丙進入三星鄉時，烏秋（大卷尾）飛來飛去，「呷酒、呷酒」叫囂不停，有時像戰鬥機般啄擊經過的單車騎士，我不禁莞爾，想到二十世紀初倡議用烏秋抑制白蟻災而與其他學者論戰的大島正滿（1884~1965），是否也如此咄咄逼人而博得「大島烏秋」別名？

但大島實際上以「櫻花鉤吻鮭」獲得矚目。他曾於一九三五年間，沿蘭陽溪前往埤亞南鞍部（思源埡口）、志佳陽社（環山部落）等地，尋找他命名的「撒拉矛鱒」（櫻花鉤吻鮭）。二〇一〇年九月，我從台7丙接台7線（北橫）再轉往台7甲，依舊沿著蘭陽溪——其中某些路段與大島走過的「埤亞南越嶺警備道」重疊或平行。沿途山明水秀，令人暑氣全消。如果冬季來訪，青楓火紅，山櫻綻放，更是另一番旖旎。想當年大島前來，心情也一定充滿期待吧。

「泰雅族少女們在招手，怎麼可以不去呢？」大島在《發現櫻花鉤吻鮭》中如此寫著，似乎忘了十多年前泰雅族還是不時出草的「凶蕃」，阻礙了他活捉撒拉矛鱒研究的夢想。

就在一九一九年，他將撒拉矛鱒公諸於世，世人才知亞熱帶的台灣，竟然有代表北國的冷水性鱒魚存在。但論文發表時，他的老師——美國魚類學權威喬丹博士認為震驚世界的魚類學發現，不宜以一個默默無聞的泰雅部落「撒拉矛」（梨山）為名，遂改名「福爾摩沙鱒」。

車子沿著台7甲逐漸攀高，行至四季部落時已八百多公尺。一九一七年，大島的助理青木赳雄在羅東調查淡水魚類時，遇到來自四季薰駐在所的巡查，聊到埤亞南鞍部以西的大甲溪源流中有疑似日本鱒，便委請採集，沒多久果然送來一尾鹽漬雄魚，可惜爛了一半，等到大島隔年由美返台時，已是殘缺不全的標本。

為了親眼目睹，大島一九一九年從霧社入山，卻因撒拉矛社「蕃情不穩」被勸阻，幸賴當地巡查捉來一尾幼魚，讓他確認高山鱒的存在而發表論文。「撒拉矛鱒」之名即據此而來。但他不死心，改從花蓮立霧溪進入，想說上游源頭或許也有高山鱒，仍因蕃情不穩在太魯閣折返，之後便打消念頭返日了。不過，他卻在太魯閣吃雉雞火鍋，意外買到十五對活帝雉帶回日本。

直至一九三四年，有人寄給他一尾撒拉矛鱒標本，再度激起他來台踏查的念頭。隔年七月，終於順利入山，看到活跳跳的撒拉矛鱒，詳細做了研究後，建請總督府列為「天然紀念物」。

四季部落對許多山友並不陌生，它是前往加羅湖的入口，但我沒打算進去，只想鑽一鑽林子，探查野生蘭。事實上，往溪谷直落的險峻密林，即是野生蘭的天堂，不過，你要認識它們才看得見，不然會誤以為是雜草。自從認識了便開始關心它們，每次去就像探望老朋友似的。

我攀藤而下，提心吊膽移動著，每一步都下陷腐葉堆踏出瘴癘之氣，就怕一失手或一踩空跌落山谷，幸好沒多久就找著含苞待放的翹距根節蘭，往下鑽，又發現黃花鶴頂蘭、黃花羊耳蘭、竹柏蘭，突然間，看到下方陡崖松樹上，有株松蘭開花了，滑下去又見到黃萼捲瓣蘭也開出小黃花了，旁邊還有虎頭石、細葉莪白蘭——當年大島曾在四季過夜，可能渾然不知此地野生蘭種類之多吧?!

但現在，野生蘭面臨生存危機——蘭商以每株十元、十五元蒐集山採蘭，讓野生蘭成了另一種「十塊蝶」（珠光鳳蝶）。由於野生蘭有群聚現象，一旦發現，便會搜刮一空，但消費者卻不知山採蘭一旦離開故土，就難以存活。為什麼不用相機獵取呢？養在螢幕上，不用澆水、不用施肥，更無須擔心枯萎！

不久，車子過了繼光橋，等於從中央山脈進入雪山山脈，所以，這裡可謂地質學的楚河漢界。

緊接著，連爬八公里陡坡抵達南山村——日治時期的埤亞南社，大島曾說這裡有一望無際的翠綠高原，點綴著三三兩兩的鐵杉巨木，景致美麗。我猜想，蔣經國大概也看到大島眼中的景色，想到「悠然見南山」，才會將埤亞南改為南山吧？不過，現在的南山，蒼蠅漫天飛舞，與滿山滿谷的高麗菜、茶樹和雞糞，同樣令人驚駭。

由於沿途沒賣吃的，就在南山吃麵趕蒼蠅，忙得不可開交，直至濃霧升起——機不可失，立即揮別老闆圈養的蒼蠅，連趕十八公里，爬升了八百公尺，終於衝抵思源啞口，果然，回首蘭陽已成迷霧森林，往台中這邊，卻是晴空萬里。如果冬季來，白濛濛的霧氣極可能變成雨絲，就會見識到「東邊雨西邊晴」奇觀。

思源埡口（海拔一九四八公尺）位於雪山山脈和中央山脈交會之地，也是大甲溪和蘭陽溪的分水嶺。由於兩座山脈都很高，東北季風的濕氣過不了山，讓思源啞口也成了宜蘭縣（大同鄉）和台中市（和平區）的氣候分水嶺。

埤亞南鞍部改稱「思源啞口」，不知又是哪位大官的有感而發，還蓋了一間奇醜無比的「飲水思源」亭。此處築起鐵絲網後（說是避免遊客亂丟垃圾到山谷），雜林遮蔽視野，還不如加高亭子登高望遠來得有意義。

回到大島先生吧。當他抵達埤亞南鞍部駐在所後，透過泰雅獵人的幫忙，從此地有勝溪中，以魚筌抓到不少尾高山鱒，發現牠們頗類似北海道櫻鮭，便推測櫻鮭可能在台灣某個極寒時期，沿河川游到「東山陸橋」（台灣海峽前身），再上溯到大甲溪，但隨著一萬年前冰河期結束，逐漸升溫，海水上升，陸橋變成海峽，有些櫻鮭來不及撤退，只好游到更高更冷的源流「陸封」在高山中，成

野生蘭要認識它們才看得見，從認識便開始關心，每次去就像探望老朋友似的。

台灣松蘭

看到烏秋，讓我想到大島正滿，他的別名便是「大島烏秋」。

黃萼捲瓣蘭

黃花鶴頂蘭

大島正滿說：「泰雅族少女們在招手，怎麼可以不去呢？」他以撒拉矛部落（梨山）女孩暗喻美麗的櫻花鉤吻鮭。圖為梨山之花一萬巴尚，其故事被用來做為賓館開幕宣傳。

為「冰河孑遺生物」。

事實上，大島來台重新調查撒拉矛鱒，即受到鹿野忠雄在台灣找到冰蝕地貌、認定台灣高山曾有過冰河所啟發。爬過雪山和南湖大山的山友，都應該看過冰河推移產生的冰斗圈谷吧。

接著，大島跋涉到七家灣溪、司界蘭溪、南湖溪，發現這些溪流皆注入大甲溪，再從撒拉矛社北側向西奔流而去。沿途層巒疊嶂，峰迴路轉，他一邊思索櫻鮭出現的原因，一邊讚歎山明水秀，心想再看到一間白牆紅瓦房子，就像置身瑞士阿爾卑斯山了——大島有先見之明，早料到這裡會開墾成農場。

車子循指標彎入武陵農場，在入口處被擋了下來。

「我住富野渡假村，也要買票嗎？」

「進去就要買票。」警衛說。

我突然想到，以前讀過一篇馬紹・阿紀的《泰雅人的七家灣溪》，說這裡住有七戶泰雅人家，後來被徵收，只好搬到環山部落。有天，作者帶其中一位老人家探視失去的家園，也被要求買門票——令人無言以對。過去，他們在這兒種地瓜打獵，也用弓箭射櫻花鉤吻鮭，現在卻成了「夢土」。

更早先，富野度假村動工時，挖出距今三千三百年至四千年前的「七家灣遺址」，其中石製網墜（展覽在武陵賓館二樓），說不定就曾用來撈捕櫻花鉤吻鮭。

我站在觀魚台上，俯瞰著櫻花鉤吻鮭在七家灣溪游來游去，覺得不可思議，冰河孑遺魚類竟然活生生在眼前，心想七十多年前，大島正滿是否也站在此地望著魚思索：「為什麼只有大甲溪源流才有櫻鮭呢？」

上圖是櫻花鉤吻鮭生態中心之復育、放流過程。左下為幼魚，中下是放流小櫻回家，右下七家灣溪優遊的小櫻。
（除左下為張詠清攝影，其餘為廖林彥攝影）

七家灣溪

參觀櫻花鉤吻鮭生態中心時，遇見專家廖林彥，得到一個與大島迥異的推論。他引用海洋學者方力行的「河川襲奪說」，認為鉤吻鮭應該是從太平洋游到蘭陽溪，而不是從台灣海峽游到大甲溪，因為冰河期的台灣與大陸連成一片，鉤吻鮭如何能游到大甲溪呢？那時候，台灣通往海洋的溪流，只有蘭陽溪。

但為什麼櫻花鉤吻鮭出現在大甲溪呢？

據方力行的推論，蘭陽溪和大甲溪一直進行著「向源侵蝕」運動，最後大甲溪襲奪了蘭陽溪的源流，使得櫻花鉤吻鮭棲身於大甲溪源流。

曾幾何時，大甲溪的幾條源流因農業開墾，水質優氧化，導致櫻花鉤吻鮭只殘存於七家灣溪，到了一九九五年只剩下二百多尾，慶幸的是，經過多年復育繁衍，目前已有四千多尾悠游於七家灣溪。最近廖林彥也嘗試將魚苗放流到歷史上曾出現過鉤吻鮭的溪流（大島調查過的溪流），例如南山部落的羅葉尾溪（有勝溪上游）、環山部落的司界蘭溪，美其名為「送小櫻回家」。

為了讓小櫻順利放流，廖林彥還在生態中心模仿溪澗打造人工河道進行覓食特訓，以利小櫻在湍急中生存。但我認為更重要的意義是，讓泰雅部落有機會以觀光替代農業，看看能否讓山林溪流恢復生機？

趁著清晨芬多精大量釋放時，我沿著七家灣溪漫步，聆聽晨鳥歌頌山光水色，不料在武陵茶莊旁松樹林，意外看到一種奇怪的鳥兒，在樹幹上下左右奔跑——我立即聯想到台灣特有種「茶腹鳾」。我尋覓這種特技鳥，不知槓龜多少次。

再走至觀魚台，突然瞥見一對不知死活的曙鳳蝶在路中交尾，我唯恐牠們被車子碾死，只好說

茶腹鳾能在樹幹上下左右奔跑，是鳥類中的特技鳥。

曙鳳蝶交尾。

聲抱歉把牠們移到樹上，本以為會打斷好事，沒想到還是如膠似漆纏綿著——大島當年也採集過這種稀有的台灣特有種高山蝴蝶當標本，有見過這樣堅定不移的蝶戀嗎？

雖然旅途充滿驚喜，但真正的樂趣在於，藉所讀所見為線索與歷史產生聯繫，於是櫻花鉤吻鮭就從古地理學中跳出來了。但我畢竟是旅人，像博物學家一樣喜歡走到哪裡吃到哪裡，當然也就很想知道櫻花鉤吻鮭的滋味，好不好吃？

我請教廖林彥，但他一直沒給我答案，我只好回到書中扣問大島，他說：「這種魚味道絕佳，可以說是溪魚之王，是溪釣人士最樂於垂釣的對象。」

追尋
合歡越嶺道

R.O.C.

11.303

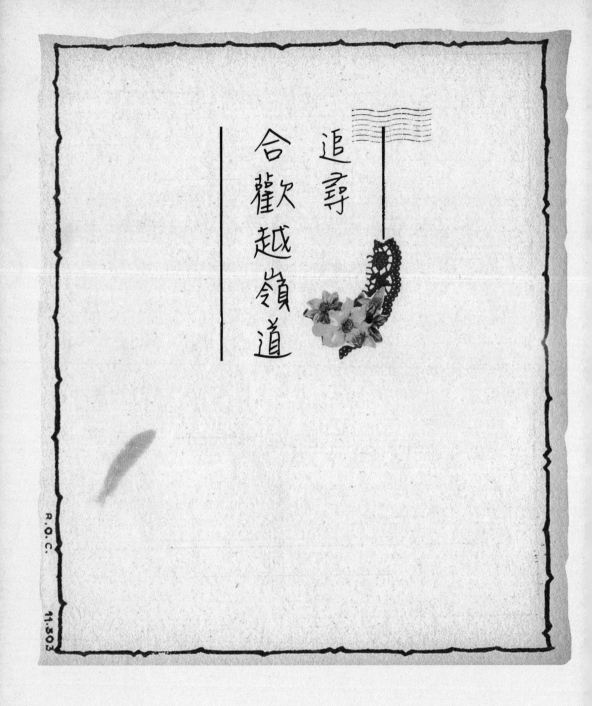

1、跟著「吹笛人」

我從未想到，偶然間閱讀到的一份資料——古道學者楊南郡譯寫的一份昭和十七年（一九四二）的「合歡越行程表」，竟然讓我花了數年時間去追尋一條空中樓閣般的古道。在此引述、分享日治台灣最受歡迎的旅遊行程：

第一天：台北↓台中（火車，四小時半）↓霧社（汽車，三小時半）

第二天：霧社↓見晴（清境農場，四．一公里，二小時）

↓追分（翠峰，四．八公里，二小時）↓櫻峰（六公里，二小時）

↓合歡山（昆陽，五．三公里，一小時半）

第三天：合歡山↓合歡山主頂（三公里，一小時半）↓石門（三公里，四十分）

↓州界（一．五公里，三十分）↓北合歡山鞍部（大禹嶺，四．八公里，一小時）

↓關原（七公里，一小時半）

第四天：關原↓畢祿（九公里，二小時半）↓卡拉寶（七．六公里，二小時）

↓西拉歐卡（七．七公里，二小時）

第五天：西拉歐卡↓見晴（三・七公里，一小時）↓古白楊（三・二公里，一小時）

↓西奇良（七・一公里，一小時半）↓他比多（天祥，三・四公里，三十分）

↓深水溫泉（文山溫泉，三・三公里，五十分）↓他比多（三・三公里，五十分）

第六天：他比多↓太魯閣峽谷（二十六・三公里，七小時）↓花蓮（汽車，五十分）

這條起於霧社迄於太魯閣的越嶺道，一九三五年由理蕃警備道拓建而成，但最早是部落間交織的社徑、獵徑，後來賽德克族東遷，才踏出一條橫貫東西的山徑。

一九五八年完工的中橫霧社支線（台14甲），在大禹嶺銜接中橫東段（台8線，一九六〇年完工），可說是合歡越的現代公路版，但幾乎將古道破壞殆盡，僅餘某些路段，因中橫繞道倖存。

綜觀合歡越東段，從碧綠以降大多走在台8線下方，直至天祥才走在台8線上方，會這麼走主要和水源、耕地有關，畢竟古道不是公路，無須考慮地質和行車安全。

但麻煩來了，合歡越沿線地名大多另取新名，延續舊稱的不多，幸好有楊南郡的踏查報告提供查考，讓我們對照、挖掘故事，撫今追昔。

我的旅行常因閱讀而產生，甚至改變方向，尤其迷上某人著作時，往往如小孩追隨《斑衣吹笛人》那般執迷，嗯，楊南郡顯然就是那位吹笛人。

2、見晴，見情：莫忘初衷

路線：埔里→台14（賞櫻）→人止關→霧社→台14甲→見晴（清境農場）

車行五月的埔霧公路（台14），青山綠水如影隨形，但我腦海中仍殘存二〇一〇年二月來時櫻花夾道的美景，過了人止關更是放慢車速。

當我獲悉這些櫻花樹，由一位八十多歲老先生花了二十多年歲月栽植而成，不免吃了一驚：這不是現代版愚公嗎？

其實埔霧公路早年櫻花林立，後來拓寬馬路砍光了，所以，住在霧社的王海清退休後，發願要一棵棵種回年輕時看到的景色，經過八千多個日子，歷經種種挫折甚至中風，仍堅持初衷種了三千多棵，毋寧比櫻花之美更令人悸動。

因此，每當我行經此路便感觸良多：我們皆有過初衷，但經過社會多年磨洗，是否仍一本初衷、不忘初衷呢？

車過霧社，轉接台14甲，開始了合歡越嶺道之旅。公路愈爬愈高、愈曲折，視野也愈開闊，經過壽亭新村便進入清境農場區域了（海拔一七〇〇至二〇〇〇公尺）。

清境農場即日治「見晴」，意謂「展望良好」，地理上也是如此，合歡、奇萊群峰歷歷在目，形容氣候也頗貼切——幾乎不下雨，我每次來都見「晴」，只在傍晚和清晨才會見到山谷湧起雲霧，將霧社籠罩得名符其實，但霧社實際上源自布農族卓社群對該地賽德克族稱呼「致霧」（Tibuo）而

合歡越嶺道東段，從碧綠以降大多走在台 8 線下方，直至天祥才走在台 8 線上方。

中横慈雲橋橋頭有艾菲爾鐵塔標記，從銘版上的越南文研判，本應送往越南，後來改運台灣，成了美援道路史蹟。

王海清發願要一棵棵種回年輕時看到的景色，才有今日埔霧公路的櫻花。

來，意思是「北邊的部落」。

「清境」據說是蔣經國取的名，因為他覺得農場缺水嚴重，再見晴就更缺水了，便以「清新空氣任君取，境地優雅是仙居」二句頭一字來命名，不過此說亦有可能是拍馬屁者，為了造神掰出來的神話。

但此地氣候的確乾爽宜人，初夏早上，站在清境草原，遠眺奇萊群峰，大口呼吸清新空氣，心胸一下子便撐開來——若你在這裡待久了，可能會與現實脫節，以為這裡就是阿爾卑斯山——這不就是我們來此度假的原因嗎？只要幾小時車程，就自我催眠置身瑞士了。

我在這裡找到一家頗有特色的民宿——明琴清境（海拔一七〇〇公尺），明琴取自男女主人名字最後一字，以紀念他倆胼手胝足修復這片原本是高麗菜園的山頭——經過多年努力，山頭好像施了魔法般，綠樹成蔭，繁花遍野。

每天早上，主人會安排一小時導覽，帶領房客體驗真實版的「開心農場」拔菜採花樂趣，能摘到什麼，就看你什麼季節來。

像這回遇上兩萬株愛情花盛開，如夢似幻，令人心神蕩漾。主人說愛情花原名「非洲百合」，但我還是喜歡它的屬名 *Agapanthus* 隱含的意義：agapa 意為「愛情」，anthos 意謂「花」。

「把這花送你太太吧！」林昭明突然遞來一大把愛情花，令我猝不及防。

於是，眾目睽睽之下，我手足無措捧著花，交給臉紅的雅如，那一刻我看見她眼睛起霧，而我，視線也有些模糊，婚後好久好久沒送花了，瞬間，又回到了初識。

每次來我們都滿載而歸。這幾年，陸續採過水仙百合、瑪格麗特、天竺葵，也吃過燈籠果、樹

從明琴清境的愛情花海中眺望碧湖（萬大水庫）。（林逸杰 攝影）

經過多年努力，山頭好像施了魔法般，綠樹成蔭，繁花遍野。

明琴的主人林昭明，對土地的思考與他人不一樣。

林昭明送花送菜，為的是讓大家把美好的回憶帶回家。（林逸杰 攝影）

番茄、野草莓，還帶過蘿蔔、高麗菜、大白菜、北瓜，但林昭明送花送菜不收費，為的是讓大家把美好的記憶帶回家。

就像給我兒的回憶。在香草園中，林昭明說要請他吃「青箭口香糖」，隨手就摘了幾片薄荷和甜菊一起咀嚼——啊，果然就是那種味道，讓他回學校交了一份令老師稱讚的週記。

其實林昭明原本做代書，偶然機會買了不少高麗菜田，心想退休後回歸田園生活吧，但看到糞土造成環境惡化，便思考做一些努力，讓土地恢復大自然風貌，所以，他對土地的思考與他人不一樣，有更多的期望，不然就不會「浪費」五甲地植樹種花，僅保留一些當瓜果菜園。期間不知遇到多少困境，仍不忘初衷，才有今日青山依舊花木扶疏。

最近，他又種了數千株台灣百合，引進馬纓丹，說要恢復昔日蝶舞翩翩，聽起來像痴人說夢，但我不會懷疑——因為，每個人都有過夢想、有過初衷，只是大多數人說說就算了，忘得一乾二淨，所以，當我離開明琴清境時，我很高興自己就在尋夢的路上。

3、異域：找回民族的注記

路線：清境農場↓立鷹（松崗博望新村）

車經松崗，突然想到鹿野忠雄在一九二六年四月曾抵達「立鷹」眺望干卓萬山，是前面那座立鷹山嗎（海拔二二一九公尺）？

俯瞰台灣的「異域」博望新村及合歡、奇萊群峯。（魯文印 提供）

抽雲南水菸的魯文印，想找回民族的注記。

博望新村的老照片。

松崗派出所即日治「立鷹」駐在所。立鷹是塔達卡社（Tattaka）的日語音譯，改叫松崗，或許與松林有關吧?!

位於松崗的博望新村與之前的壽亭新村，皆是一九六一年從滇緬異域撤來台灣的反共救國軍所屯墾，過程就不再贅述了。據第二代魯文印說，前者借自漢武帝封張騫為「博望侯」，後者取自劉備封關公為「壽亭侯」，還有座定遠新村，來自東漢「定遠侯」班超，寓意深遠。

我在博望新村認識了魯文印。他在一九八五年三月曾隨父親回雲南老家郭大寨（奉慶縣）探親，無意中發現自己是彝族，就想登錄身分證上，囿於法令卻無法如願，因為目前只有原住民可登錄族別。「我們才是台灣真正的『少數民族』！」當自己的來歷不再是想像，魯文印突然有股衝動：「我想找回民族的注記。」於是，二〇一二年三月，魯文印帶著父親當初「少小離家老大回，鄉音無改鬢毛催」的心情，偕兒子魯駿返鄉掃墓，因為一晃十七年，父親已撒手人寰，沒機會一起返鄉了。

「魯駿這輩子可能只會去這一次，但我希望他知道我們是哪裡來的！」

年輕輩出生在台灣，對於父祖輩的故鄉情結本來就很難體會，但血濃於水，時間到了自然會有鮭魚返鄉的念頭。

其實從魯媽媽的家常菜，如包料魚、酸木瓜雞湯、米干、豌豆粉粿等，即可感受他們的鄉愁。因為人不論怎麼顛沛流離，忘不了的還是家鄉口味，於是透過飲食產生情感連結——柏楊描述的《異域》大約也只能從這裡回味吧。

然而，立鷹之名的年代，大概僅餘公路局那根「鷹峰」站牌能勉強連結吧？

4、車往武嶺：天堂路

路線：松崗↓霧社山地農場（梅峰）↓瑞岩溪林道↓追分（翠峰）↓櫻櫻峰↓鳶峰↓合歡山駐在所（昆陽）↓南合歡山鞍部（武嶺）

車過梅峰農場（海拔二一〇〇公尺）——承襲台北帝國大學、原名「霧社山地農場」的台大山地實驗農場，實則是日治的三角峰軍事要塞，曾設有砲台和駐在所，惜已蕩然無存。許多人仰慕梅峰農場的櫻花、桃花或水果，但我認為最值得注目是奇花異草，如台灣喜普鞋蘭、葉牡丹、陸蓮花、鐵線蓮、伯利恆之星等。

接下來是蛇行路，一不小心就會錯過瑞岩溪林道（台14甲 18.9K）。聽友人說有楚南氏山椒魚、台灣山椒魚、帝雉出沒，但兩度探入，毫無所獲，僅見數名自然科學博物館的人，拿著小手鐽，神祕兮兮的，不知在挖什麼寶？

這條林道不知拉了多少條引水管至松崗、清境，頗似加護病房病人身上的管線，只不過現在這位「病人」愈來愈嚴重，崩塌難行。

到了翠峰（海拔二三〇九公尺）已漸有涼意。我停下來搜尋曙鳳蝶，很慶幸，牠們仍然飛舞在有骨消花叢上。翠峰在日治時代，設有「追分」駐在所，意指此地是通往北港溪、濁水溪各蕃社和合歡山的「道路分歧點」，現在是泰雅式的翠峰派出所。

路面縮窄，視野轉為高山景觀，左側山壁開始出現大片箭竹草坡，右側則是鐵杉、雲杉虛掩的峭壁深壑。

下一站理應是「櫻峰」駐在所，據楊南郡的調查資料顯示，已變成公路局停車場。這也是為什麼他認為：「霧社到合歡山長達二十三．二公里的歷史古道，已喪失再調查、重新賦予生命的意義。」「地名已經混淆不清，而且舊蹟蕩然無存。」

不過，他也強調，比起翠峰，櫻峰更是真正的「道路分歧點」，在日治之前有蕃路通往各蕃社，然而，現在只剩一座櫻櫻峰（台14甲 23.3K，海拔二七八〇公尺）可追憶舊名。

到了鳶峰（海拔二七五六公尺），想起多年前曾在此觀星象賞銀河。原本是天文追星族祕境，現在卻被停車場的 LED 燈看板和路燈「曝光」——我不是指地點，而是指其光害，對照解說板「最佳觀星地點」，真令人無言以對啊。

從鳶峰開始之字爬行，左側山壁已見紅毛杜鵑，右側是令人冒冷汗的萬丈深淵，峰迴路轉，我的車子彷彿一陣山嵐，緩緩飄上昆陽（海拔三〇八四公尺）——因為早期探險測量皆以此作為根據地，就設了「合歡山」駐在所和宿泊所，作為中繼站。

再來的路迂回曲折，箭竹草原綿延直上合歡山，美得不得了，被我稱為「天堂路」，但我的車子彷佛得了高山症氣喘吁吁，以致其他車子猛按喇叭催促、超越——我成了《伊索預言》中那隻被訕笑的烏龜——唉，跑那麼快，靈魂怎麼跟得上？

終於，車子抵達了蔣介石的故鄉——武嶺，源自奉化溪口一所蔣經國讀過的小學，覆蓋了原來地名「南合歡山鞍部」（海拔三二七五公尺）。中橫最高點。

老實說，我真搞不懂當權者，只憑一時心血來潮，就任意改變原有地名，視當地為沒有歷史的空白之地，心態上是否為了彰顯統治者的權威？

而我探索這些不倫不類的地名，並不是為了揭誰瘡疤，只是歷史的追究而已。

5、合歡眺望：走在龍脊上

路線：合歡山駐在所（昆陽）↓古道↓稜線↓合歡主峰↓古道↓南合歡山鞍部（武嶺）↓石門駐在所（合歡山莊）

雖然楊南郡認為合歡越「除了合歡連峰上的幾個山頭以及部分山腰仍留下片段外，這段歷史古道實質上已消失」，卻給了我某種暗示——攤開太魯閣國家公園步道地圖查看，果然尚有合歡越遺跡，從昆陽上溯可至武嶺，往下可達鳶峰。

於是，二〇一二年八月趁某日晴空萬里，我和兒子在昆陽停好車，順著邊坡叉入古道爬上稜線，登上合歡主峰（海拔三四一六公尺），再下降回到古道，走至武嶺（海拔三二七五公尺）攀繩而下停車場，這一小段路並不難走，凌空眺望，好像走在龍脊上——難怪以前旅人要說走合歡越，就是為了「合歡眺望」而來，因為從清境農場到武嶺可說是走在大甲溪源流（左側）和濁水溪源流（右側）的分水嶺上。

陸軍寒訓基地和合歡山莊座落在合歡尖山下的「冰蝕啞口」——七萬年前冰河到過合歡山的遺跡，合歡尖山即是地質學上的「冰斗峰」（南北兩面皆是冰斗向後侵蝕造成），而我們大老遠跑去瑞士觀賞的馬特洪峰，則是四面冰斗向後侵蝕造成的。

這是一幅美麗的阿爾卑斯山式風景。但從古道望下去，難免令人想起台灣總督佐久間左馬太在一九一四年間發動的「太魯閣蕃討伐戰」，指揮所即設於寒訓基地所在。據載，當時約有三千名陸軍集結於此，還有五千名漢人挑夫往來於霧社，不過，當年這一帶多為雲杉和鐵杉覆蓋，與今日箭竹草原景觀完全不同，可見森林浩劫從征戰那刻起就發生了。

戰後日人修築了理蕃警備道，一九三五年再拓寬為合歡越嶺道，成為當時熱門的健行路線，並在今合歡山莊設立了「石門」駐在所，可惜二戰後古道荒廢，路徑不是崩塌佚失，便被公路覆蓋，成了支離破碎的山徑，所以，本系列文章也呈現出「斷簡殘篇」景象。

6、孫大偉：死也要做個花下鬼

路線：石門駐在所（合歡山莊）↓合歡尖山↓石門山↓風口（克難關）↓小風口遊客中心↓合歡北峰

在石門的高處，可以看到南湖大山的主峰，和巍峨的畢祿大山。又從奇萊諸峰的空隙中，可以看到我們歷盡艱辛、平安度過的能高山峰，還有許許多多數不盡看不完的各式各樣山頭，使我頓時意識到登泰山而小天下的真正意義……

這是《中央山脈之旅：橫貫公路複勘散記》作者黃肇中，在一九五二年四月隨同公路局複勘隊考察能高越（銅門至屯原）和合歡越（霧社至太魯閣），研判哪一條適合中橫路線時，站在石門山（海拔三二三七公尺）的即景抒情。

按所載，石門駐在所當年已是斷垣殘壁，作者也不清楚石門之名由來，甚至不識「那種又似玫瑰又似月季的美麗紅色花朵」──會是紅毛杜鵑嗎？

根據史料，石門駐在所上去有一座拱門隧道，築中橫時炸開了，變成視野無礙的「克難關」，又名「風口」──可想而知有風洞效應，如果想體會被風踹來踹去的感受，冬天來就明白了。

有次七月來，順登石門山，碰上妖風突襲，走兩步退一步，踉踉蹌蹌地登了頂，運氣卻不怎麼好，北面南湖、中央尖、無名、畢祿群山彷彿雲海中的礁巖，南面的合歡、奇萊、能高安東軍諸山卻陷於愁雲慘霧中，寒風冽冽，令人直打哆嗦。

還有次攀登奇萊主峰，也領教了此地氣候的詭譎。出發時風和日麗，半途卻淒風苦雨，不禁想到，當初日本人稱呼「奇萊」，不就意味「討厭」嗎？

但奇萊也可能沿用了泰雅族語音，意為「白雪覆蓋的山峰」。或有一說，阿美族稱花蓮撒奇萊雅族為「奇萊」（花蓮在清代為「奇萊平原」），所以稱呼他們仰望到的中央山脈為「奇萊山」──從此點看來，日本殖民者似乎頗尊重原住民的地理命名。

事實上，台灣登山史上最大的山難，即發生於太魯閣戰役前一年（一九一三）三月，地形測量技師野呂寧率二百六十八人欲登合歡、奇萊做探險測量，沒料到天氣驟變，一夜間凍斃八十九人，不得不倉皇撤退。

至於「合歡」之名，有一說來自此地有「五港泉」（周遭有五條溪流源頭），而「五港」的閩南音近似「合歡」日語發音。

還有一說，太魯閣戰役日軍兵分三路，會師於此，故名「合歡」，不過，長輩也說日本人聽到「合歡」，只會直覺想到同音的「強姦」、「男女交歡」——啊，諸多巧合，讓我納悶，為什麼沒改掉「合歡」之名呢？

硝煙散盡，沒人在意這些了。太魯閣戰役指揮所成了陸軍寒訓中心，石門駐在所成了合歡山莊，蔣介石行館成了松雪樓，合歡山成了熱門度假勝地，沒有人會在意古道發生過什麼了。

現在，合歡群山對我有了新的意義。合歡北峰（海拔三四二二公尺）的向陽坡，紅毛杜鵑開得如火如荼，正等著我去——憑弔孫大偉。二〇一〇年十二月十二日孫大偉的「畢業典禮」，我沒參加，而是依約前往說好要一起去的「辜嚴倬雲植物保種中心」（位於高樹鄉泰和農場）看茶花……

大偉從不諱言死亡，有次談到哪裡的景觀公路最美，他推薦合歡山一帶的台14甲，還說等他掛了要將骨灰灑在杜鵑花下。

「本來我認為我夠『大尾』，應該撒在拉拉山神木下當肥料的，後來看到合歡山的杜鵑就改變心意，想說死也要做個花下鬼……」

因此，我猜想他一定看到合歡北峰的紅毛杜鵑了。不知家人是否如他所願，撒在花叢下做花下鬼？在許多人心目中，孫大偉是個很屌的人，不然公司名稱幹嘛叫「偉太」——「偉大」下面多了一點？

所以，大偉選這裡當花下鬼，「合歡」之名也就實至名歸了。

合歡主峰往武嶺的古道，好像走在龍脊上。

孫大偉遺願要將骨灰灑在合歡山的紅毛杜鵑下當花下鬼。

7、小風口攔車：如果你們不介意坐在高麗菜中……

路線：石門駐在所（合歡山莊）↓風口（克難關）↓特有生物研究保育中心↓小風口遊客中心、攔車↓昆陽

從合歡山莊到小風口這一段路，曾是合歡越令人聞之喪膽的「風口」廊道，因為沿立霧溪谷（東側）和合歡溪谷（西側）衝上來的兩股氣流在此交會，形成旋風口。

有關風口，〈中央山脈之旅〉有過描述：「看到有七個高山獵人往風口走去，後來他們又見到這一批獵人，卻只剩了三個，其他四人就在風口被大風吹落下山不知去向了。」

據所載，一九五〇年，中橫勘查隊在關原等了四天，直至風勢較小時才敢爬過去，但他經過時卻「一絲風聲也沒有」，還看到「太平洋和西海岸水天一色的遠景」。

為了體會這種情境，我和兒子從昆陽走至武嶺、下到合歡山莊後，決定再提起勁走三・五公里至小風口遊客中心（海拔二九九五公尺）。初時爬五百公尺的克難關，沒什麼風，豔陽高照，視野也很遼闊，賞心悅目，不過看不到海面就是了，直至繞過石門山，才有陣陣強風從山頭缺口襲來。

走這一段頗值得，花草搖曳，我們拍到白花香青、玉山佛甲草、高山薔薇、虎杖、高山白珠樹、玉山懸鉤子、玉山石竹、玉山飛蓬、台灣繡線菊、玉山薊等十多種高山花草，簡直可說是「花徑」。

小風口有座特有生物研究保育中心高海拔試驗站，似乎想提醒大家此地生態的多樣性。有次，我閃到下面的乾溪溝尋找楚南氏山椒魚，結果找到生態界最常見的物種——槓龜。幸好，還有一大

從合歡山莊往小風口遊客中心的中橫公路上，花草搖曳，簡直可說是「花徑」。

白花香青（玉山抱莖籟簫）

高山白珠樹

玉山懸鉤子

玉山石竹

台灣繡線菊

台灣山白蘭

高山烏頭

台灣粉條兒菜

玉山毛蓮菜

紫花鳳仙

片紫花鳳仙安慰我的失望。

本來計畫回程搭公車，但走至小風口問，才知沒公車往武嶺，更不要說昆陽了。不好意思，上一篇忘了提醒各位，南投客運只到翠峰就返回埔里了。

「你們從昆陽走過來？」販賣部的人不敢置信地問兒子。對他來說，那一刻或許是這輩子最驕傲、或最愚笨的一刻——約三十秒吧，他回過頭立即拉下臉，那種表情橫豎就是「我・不・想・走・回・去」。

父子倆只好站在路旁招手攔車，好幾輛過去了，皆留下引擎加速的低吼聲，眼看烏雲飄過來就要變天了，只好邊走邊攔，突然，一輛載菜的小卡車停下來，答應順道載我們回昆陽，不但不收錢，還靦腆地說：「如果你們不介意坐在高麗菜中……」

當然不介意。這段往事後來成了父子倆長存的親密關係，也教我認識了台灣真正之美，美在人情味！

8、囚犯公路：在一個沒有名字的地方

路線：關原駐在所（觀雲山莊）↓北合歡埡口（大禹嶺）↓台14甲 40K↓古道

↓合歡山隧道上方↓中橫開路紀念碑↓二葉松林古道↓松苑山莊

↓台8線 114.5K

二〇一一年六月中旬，我偕兒子走大禹嶺段的合歡越古道，經人指點，從台14甲線40K處切入。

昨日，我們住在救國團觀雲山莊（海拔二三七四公尺）。據說，關原駐在所就在山莊後方山上的古道，所以，我們試著披荊斬棘攀爬上去，但上至古道時，榛莽叢生，坍方處處，只好作罷，決定改由大禹嶺那端走下來，能走多遠就多遠。

以前的駐在所現在改名合歡派出所，移到山莊出口斜對面（台8線116.5K），單車騎士來到這個鐵馬驛站，一定納悶為什麼叫「合歡」呢？

原來，大禹嶺（台8線112K與台14甲41.7K交會處，海拔二五六五公尺）在日治時代被視為分水嶺，稱為「北合歡埡口」，後來蔣經國為了激勵施工人員效法大禹治水精神改名，但不知何故，打通的隧道仍叫「合歡山隧道」。

目前往來中橫，最大的困擾是，地名失去地理意義，無法反映出原來命名的源由，許多隧道和橋樑名稱，也無法與地名呼應，導致旅人方位混亂，不知所在。

像從畢祿坍方上頭通過的金馬隧道（本來命為「碧綠隧道」），即因蔣經國為了紀念八二三砲戰勝利而名，但叫「畢祿隧道」不是更名符其實嗎？

還有一例更荒唐，一九五八年十一月初避壽日月潭的蔣介石，順道巡視台14甲，來到大禹嶺午餐，北合歡山便因此改稱介壽山，所幸沒沿用下來。

還有，被奉為神明的歷史名人，如岳飛、史可法、張良、戚繼光、高志航、陳英士、張自忠、吳稚暉等，也紛紛在各地橋樑路段卡位，經過數十年，請神容易送神難矣。

對原住民而言，叫慣的地名有著不可磨滅的感情，倘若突然改為完全搞不清楚意義的名稱，只會激起「被征服」的感受，當然，對征服者而言，或許有「指點江山」的恣意快感也說不定，但我一直深信，原住民對自己的土地名稱，不會因當權者的政治需要而遺忘的。

一走進古道，我們驚訝地發現，步道寬廣如昔（一．六公尺），還鋪了厚厚的松針軟墊，好走到舉步生風，要不是有駁坎佐證，真難以想像是七十多年前的古道。

披著琉璃光影，我們走在二葉松林中，清風徐徐吹來，拂來松針毬果的香氣，也帶來啁啾鳥囀，但更悅耳的是陣陣松濤，令人好生愜意，而蕾絲般的松蘿迎風搖曳，好像急著要幫我們擦汗。再從林間望出去，一座一座名山——合歡東峰、石門山、奇萊北峰、屏風山、塔山、佐久間山、立霧主山清晰可辨，以前的旅人，想必也像我們一樣，忍不住駐足欣賞這些美麗的山巒吧？

我們也極目搜尋合歡越嶺道刻在山林的凹痕，無意中看到紅豆坡的落鷹山莊（「北合歡駐在所」遺址）。日治時代，從關原經北合歡到石門（合歡山莊）只要三個小時（十三公里多），可見當時越嶺道有多好走。

我們途中亦見當年電話線桿，還殘留著礙子（電阻），這是駐在所之間的聯繫工具，也是生命線。突然，路旁遺棄的水鹿角、山羌頭骨，將我的思緒拉回來，因為它在獸徑蹄痕遍布的古道上，透露著某種曖昧訊息——狩獵？

走著走著，有著奇特刀痕的二葉松老樹陸續出現，才聯想到可能是先民採集松脂當燃料、燈油所為。不過，這也提醒我們觸摸龜裂的樹皮，沾染樹脂——這可是天然的精油啊，用力一吸，立即神清氣爽。上次父子倆去爬桃山，在二葉松林下睡了一個大覺，好不悠然自得。

但二葉松樹皮一經日曬，很容易就燃燒起來，我覺得它的基因密碼可能故意這樣設計，好讓堅硬的種子爆開散播出去，孕育下一代的松林。

我兒顫抖而勇敢走過崩崖。

高山薔薇

黃苑

水晶蘭

毛釘菇

大葉溲疏

此時，突然想起李瑞宗《天命行腳：中橫半世紀》的記載，電影《龍門客棧》在松林中的武打場面即取景於此，那是中橫通車後的第七年（一九六七）。李瑞宗長年踏查中橫和合歡越，為中橫拼出史實，我熬到半夜一口氣讀完，只為了瞭解「篳路襤褸，以啟山林」的真相。

到了合歡隧道上方，繞過于右任書寫的中橫開路紀念碑，我們循古道繼續走，但一般會就此打住，從叉路下到大禹嶺用餐，因為再過去荒煙漫草，前途未卜。

果然，出現崩塌危崖了，幸賴好心人拉了一條繩索，不然，就得大費周章高繞。本來有些擔心兒子軟腳，但見他顫抖而勇敢地走過，趕緊拍了幾張快照，貼在臉書炫耀身為父親的驕傲。

沿途，幾乎都走在二葉松林下，花草較少，僅見毛釘菇、高山白珠樹、黃苑、高山薔薇、水晶蘭、大葉溲疏、早田氏草莓，但我不敢掉以輕心，眼光四處掃射，就怕與奇花異草失之交臂，果然，找到嚮往已久的仙女鞋——小喜普鞋蘭，花朵只有二、三公分。幸好我眼尖，不然就踐踏過去了。喜普鞋蘭的屬名 Cypripedium 源自希臘文，意為「維納斯的涼鞋」，在台灣有四種，我頗期待能找到其餘三種：黃花喜普鞋蘭、台灣喜普鞋蘭、奇萊喜普鞋蘭。

父子倆鑽出松林時，眼前出現一大片菜園，暗忖古道也剷除了吧？若要尋下去，不知還要花多久時間，只好作罷。

順著田埂走下去，在一個涼亭小憩，眼睛餘光突然掃到一面字跡斑駁的板子，仔細一看，原來是蔣經國的〈投宿在一個沒有名字的地方〉全文，我大吃一驚：這裡與這篇文章有關連嗎？抑或紀念性轉載？

眼光四處掃射，才能找到非常稀有、俗稱「小老虎七」的小喜普鞋蘭。

蕾絲般的松蘿迎風搖曳。

有著奇特刀痕的二葉松老樹，是先民採集松脂當燃料、燈油所為。

> 幾小時前，有幾個朋友勸我不要在這裡過夜。他們說你們中間有不少殺人犯、搶劫犯……
>
> 我曾經問你們，這地方叫什麼名字？你們說，沒有名字。人不能沒有姓名，地也不能沒有地名，我建議你們稱這塊小山坡為「日新崗」……

我一直以為那個沒有名字的地方，是台8線110K的「日新崗」。但此文無意中也透露了中橫大禹嶺段是一條「囚犯公路」，係由下放勞改的「軍事監犯」（生產作業總隊）完工，不全然是我們認知的榮民。

那是集體安置與勞改的年代，帶著鄉愁的血汗，淌流在一條「贖罪之路」。蔣經國在此有感而發，做了誠懇的演講，但有誰問過他們到底犯了什麼罪？只因牢騷、異議、或誣告，就被送來這裡思想改造？

走至出口，抬頭見牌樓寫著「松苑山莊」，突然一聲喇叭，車子一溜煙而過，提醒我們走到台8線了（114.5K）——歷史掩卷，除了閱讀者的嘆息，又有誰記得呢？

9、綠水文山古道：走古道是一種美好的回憶與過程……

路線：泰山隧道→泰山吊橋→文山溫泉岔路→駐在所遺址→綠水吊橋→馬黑揚部落→跑馬場解說牌→陀優恩部落→亂石崗→出口（綠水合流步道綠水端）

二〇一〇年一月上旬，我約了雪巴帶路，走合歡越嶺道中較乏人問津的綠水文山段。

為什麼找嚮導？

除了安全因素，其實想買知識。在國內旅遊，多數人願意付錢在食宿，卻不願意付錢在知識，令人感觸良多。

還有，雪巴在他的部落格寫說：「走古道是一種美好的回憶與過程……」打動了我。

相形之下，太管處的入口解說牌「本步道全長五．五公里需時五小時，沿途山坡陡峭，多處臨崖險峻，遇雨濕滑，請小心慢行，注意坍方落石」言下之意，沒有三兩三，莫上綠水文山。

早上八點，我們冒雨從泰山隧道缺口（台8線166.5K，海拔五五八公尺）切入，才過泰山吊橋，立即陡上霧茫茫的蕨林山徑。這段路顯然一陣子沒人走了，山羌才敢一路狐假虎威，狂吠不已。

我們戰戰兢兢走到一處制高點，溪谷對岸竟是已成鬼屋的文山賓館。這是五〇年代為了蔣介石巡視而建的行館，青山綠水相伴，但他老人家僅使用過一、二次。好可惜啊。

與日治之字古道迥異，這段路竟然像清代古道陡上陡下，走起來相當吃力，幸好有染紅的槭葉，在綿綿陰雨中照亮我們的心情。

沿途也穿過森林，樹幹都像穿上花邊褶裙——蕈菇不約而同都冒出來了。還有地衣苔蘚，黃、綠、灰、白、橘紅皆有，令人稱奇。

「穗花蛇菰！」突然間雪巴驚呼，我以為是蕈菇，卻是「蛇菰科寄生植物，雌雄異株，長柱有顆粒狀的是雄花，矮胖的是雌花……」我們運氣頗佳，它們只在開花時才冒出地表，通常都躲在地下，寄生在喬木根部。

但是，這麼美麗的花，卻有著難聞的臊味——當我貼近拍照時，差點嗆到，驚起一隻紅頭蒼蠅，狠狠地瞪我一眼，似乎在怪我：「你到底懂不懂美味啊？」

再走約二・八公里，抵達一個駐在所遺址，稍做視察，意外找到一個破碎瓷碗——想必主人從日本帶過來的，為何棄置在此？他為何來到這裡？如何度過駐在所的歲月？如何與原住民互動？這些都是我頗好奇的部分。

離開不久，來到高處展望，發現台8線迴頭彎至豁然亭段就橫掛對面山腰。台8線從天祥至豁然亭間，形成長達九・三公里的髮夾彎，轉折點就在迴頭彎。雖說從豁然亭直接走步道下切天祥才一・九公里，落差卻有四百公尺，公路沒法這樣走，只好拐大彎了。

接著在2.4K標示處，遇到綠水吊橋。我們在風雨飄搖的橋上煮咖啡，沿著溪谷望下去，天祥青年活動中心在雲霧中若隱若現。

再續行十分鐘，來到「馬黑揚」這個神祕部落。

據解說牌，馬黑揚是太魯閣族巫師聚居之地，他們藉由竹占（小竹棒和木珠）、鳥占（繡眼畫眉叫聲）和夢占（夢的內容）為族人祈求祖靈治病或消除災難——此時雨珠打在太魯閣櫟林裡的葉子上，嘀嘀嗒嗒的，彷彿占卜的呢喃。

古道愈來愈好走，我們走上稜線了，但雪巴卻憂心說：「古道要常常有人在上面走，才會堅固……」這道理與柏油路要滾壓才會堅實一樣，所以，當我想到古往今來旅人不知凡幾都曾踩踏過，不禁也想盡一份心力用力踏過，讓跫音與他們產生超時空聯繫。

離開馬黑揚後，從林間縫隙望出——白楊步道上方、稜線以下有處大崩坍，一瀉千里，令人怵

當我想到古往今來旅人不知凡幾都曾踩踏過，不禁也想盡一份心力用力踏過，讓跫音與他們產生超時空聯繫。

二十年前從文山溫泉（深水溫泉）仰望大沙溪（立霧溪支流）溪谷。

目驚心。

沒多久，來到一個「跑馬場」解說牌，指稱對面海鼠山曾是養馬場，在一九一五年太魯閣戰役後，駐防砲兵，威嚇古道沿線部落。其實合歡越除了主線，還有多條支線，用來掌控散布山區的大小部落，像合流經跑馬場到蓮花池即是。

稍後抵達林蔭蔽天的「陀優恩」部落遺址（海拔七七〇公尺）。放眼四周，遍地山豬拱穴，到了夜晚，恐怕成了山豬旅舍吧。我們在層層堆積的落葉中走動，發現酒瓶橫陳，少說二、三十支，可見以前是一個大聚落。如果挖掘下去，會不會還有錢幣、槍枝、弓箭等古寶呢？

我們走得很散漫、很悠閒，在稜線瞭望台還貪戀了一陣子山嵐潑墨畫，希望走古道的美好感覺能夠持久一些。

至此已走了五個多小時，不能再蹉跎了，但也無法趕，因為接下來一．四公里是陡降坡，而且是要命的階梯（取代崩塌的古道），走起來像在下地獄，打亂了步伐節奏，雙腿充滿無力感。

更麻煩的連階梯也崩塌了，亂石碎片攪拌一堆，猙獰極了，腳步稍碰即嘩啦直滾，幸有繩索輔助攀降——我以「亂石崗」名之，好讓本書讀者多加警惕。

降至古道，還來不及喘口氣，突然看到一大片槲蕨（骨碎補）攀岩走樹。而我之所以認得，係有次在孫大偉的辦公室陽台蕨牆見過，他心虛地說從烏來「撿」來的……

下午三點多，終於抵達綠水端出口（海拔四九〇公尺），如果繼續走下去，會銜接老少咸宜的迷你版錐麓古道——綠水合流步道（僅二公里長），但那一段我不擬描述，就留給各位自行體驗了。

我之所以認得槲蕨，係有次在孫大偉的大稻埕辦公室陽台的蕨牆見過。

古道要常常有人在上面走，才會堅固。

寄生植物「穗花蛇菰」，長柱有顆粒狀的是雄花，矮胖的是雌花。

在風雨飄搖的綠水吊橋中央煮咖啡。

10、錐麓古道：走在彩虹之路

路線：慈母亭→荖西溪谷→涵洞隧道→古道→大坍塌→錐麓駐在所→持館代五郎墓碑→斷崖駐在所→錐麓斷崖→菩薩隧道→巴達岡二號吊橋→巴達岡駐在所→錐麓吊橋→燕子口管制哨

整條合歡越嶺道，大概僅剩十‧三公里錐麓段（慈母亭至燕子口）尚存原貌，也最精彩。

我和雪巴從慈母亭旁小徑切入，銜接海拔約三九〇公尺高的古道。進入前，先觀賞了慈母橋下荖西溪匯入立霧溪的「太魯合流」，再沿著水聲嘹亮的荖西溪谷走數百公尺，穿梭在大理石和綠片岩間，一面欣賞褶皺紋理和綠寶石般的水潭，一面聆聽早起的鳥兒唱歌。

突然，步道陡升，引導我們穿過涵洞隧道，走入濕淋淋的「蕨樂園」中，但我僅認得筆筒樹、鬼桫欏、東方狗脊蕨、崖薑蕨、山蘇、伏石蕨、腎蕨、卷柏等。

我想山友皆能辨識腎蕨吧？口渴時，它的地下塊莖可挖來解渴，但略澀，不若水鴨腳海棠那麼酸甜。在錐麓古道上認識這兩種植物有其必要，因為沿途缺乏水源，所以日人才沿途設置蓄水池，遺跡仍在。

地衣（大裸緣梅衣）也觸目可見，像皮膚病般攀附岩壁和樹幹，令人起雞皮疙瘩，殊不知卻是空氣品質好的指標。

還有，山棕也長得頗茂盛，難怪天祥舊稱「他比多」——太魯閣族語的山棕。以前我阿公穿的蓑衣，就是用山棕葉鞘纖維編織的，但近來餐廳取其嫩心燉排骨湯，成為原民風味餐。我從《中央山脈之旅》讀到天祥也稱「大北投」，應是他比多諧音造出來的字。

在1.2K處接上古道後，路況好到令人訝異，雖然不若往昔一・六公尺寬（可走山砲），但也近一公尺，走來輕鬆愉快，果然是沿等高線修築的之字路。

我們走得很慢，一面尋找海底上升的證據——左側山壁的「波浪紋」，一面眺望崇山峻嶺，內心暗自慶幸，沒有像底下車子呼嘯而過。此刻，我們正沿著立霧溪而行，從古道上俯瞰台8線，穿岩鑿壁，跨谷架橋，像在為美麗的山水穿針引線。

但我高興過早，1.7K處遇到大坍塌了，必須高繞。本來我亦步亦趨跟著，雪巴卻要我離遠點，以免被他踩落的石塊砸到。

通過坍方後，回首來時路亂石磊磊，不覺悚然，剛剛怎麼走過來的？

但老天爺很體貼，沒多久，就在對面山谷犒賞一個飛瀑。其實，沿途植被也頗豐富，如鐵線蕨、蘆竹——這兩種植物是孫大偉教我辨識的，還有，我也撞見不少野菸葉和據說能治刀傷止血的金狗毛蕨。

鳥獸一如所料，芳蹤杳然，是大冠鷲的叫聲，嚇到牠們噤若寒蟬？走過上百次錐麓的雪巴，曾目睹過山羌、長鬃山羊，所以，我難免也幻想這種機遇，就像沿途一直幻想著——撿到日治錢幣、碗盤、酒瓶或子彈鋼盔等物。

的確，古道每一步都是帶著幻想的未知探索，只不過，我低頭找到的大多是一堆堆如百草丸的山羌、山羊排遺，真怕踩多了，回到旅館不給進去。

但皇天不負苦心人，竟然看到一段殘存的鐵軌。雪巴說這種輕便鐵道，每走一段路就拆下來往前接軌，所以沒用鉚丁和枕木固樁。

就這樣在斷崖峭壁間漫步，走過鐵橋、坍方，終於抵達了4.5K、海拔七六〇公尺的錐麓駐在所遺址——我們在九曲洞之上了。

不過，我的思古情緒也在此被掃蕩一空。唉，兩團燕子口上來的旅客，喧囂野炊，搞得烏煙瘴氣，直至撤走，我們還不得安寧——尿騷味久久不散——建議太管處告示牌「小心毒蜂襲擊」，務必加上「！」。

下一站，是兩公里外的斷崖駐在所。

古道的幽祕氛圍愈來愈濃，樹幹上仍可見電線礙子，展望也頗佳，合歡群峰、畢祿山隱約可見，隨著路徑轉折，崢嶸的三角錐山（海拔一六六七公尺）也映入眼簾了——光看就心頭發麻，且不要說開鑿了，當時是由山頂吊人下來打炮眼、埋炸藥，炸出路的輪廓，再慢慢鑿空，難怪有人以「天空步道」形容，但在我眼中，毋寧更像道凝固的彩虹懸掛在三角「錐」山「麓」。

沒多久來到林中，一塊日警持館代五郎之墓碑赫然入目，我對一九一六年遇害的他感到好奇，他在什麼情況下被出草？他殺過原住民嗎？他有妻小嗎？故鄉在日本哪裡？為什麼來台灣……

就在我胡思亂想中，抵達了斷崖駐在所。雪巴四顧無人，便隱身樹叢中找出一堆日本酒瓶給我看，又神祕兮兮地藏回去，以免被覬覦，下回就沒戲唱了。不知他們飲酒是因為苦悶、思念家鄉、抑或壯膽呢？會不會是持館代五郎喝過的酒瓶呢？

此時我迫不及待出發，因為錐麓斷崖已近在眼前。從7.3K起，我故意放慢步伐，一面摩挲先民

合歡越嶺道僅剩 10.3 公里錐麓段尚存原貌。

錐麓古道上 1.7K 處有大坍塌，必須高繞。

的鬼斧神工，一面欣賞地殼裂開般的峽谷。底下車子像蝌蚪般蠕動著，消失時就是鑽入隧道，我們大約走在流芳橋到燕子口這段中橫的上面，抬頭是七百公尺峭壁屏風，低頭是五百公尺深的溪谷，站在這種毫無遮攔的垂直落差中，人豈能不驚悚動容？尤其俯瞰一處激流急轉的「鷹嘴」地景時，還須仰賴雪巴從後面拉住，才敢探出頭看一眼，以免瞬間痙攣跌落。

難以想像的是，錐麓斷崖初期只有三十公分寬，難怪「人人均捫壁蟹行，自始至終不敢交談」。現在雖然稍稍拓寬，還加上護欄、拉繩，但有懼高症的人，恐怕真的會像螃蟹一樣面壁橫走，不敢吭氣。

此處有個蜂窩，幸好空巢，但也夠令人心驚膽跳——若碰上了，不知往哪裡逃？我和雪巴像站在一百七十層樓高的玻璃帷幕清洗工人，忙著撫今追昔比對資料。雪巴拿出一幅原住民扛椅轎的日治舊照，指出某處拍的，特別能凸顯斷崖的險峻，後人有樣學樣站在那兒拍照，欲以圖為證自己的大膽，但實則把自己當成了比例尺而非照相，因為那麼遠的距離，根本看不清楚相片中人的容貌啊。

最精彩的是，在一座雕刻著菩薩像的隧道外，雪巴找到「開鑿紀念」字樣，字跡斑剝，是誰刻寫的呢？築路工程師梅澤柾嗎？一九一五年完工時，想必他也曾站這兒眺望吧。不知他後來修建能高越嶺道和八通關越嶺道，心情如何？

接下來要趕路了，再蹉跎就要摸黑而行，通過巴達岡二號吊橋後，眼尖的雪巴忽然停住，隨著他的目光，我看到一種長相奇特的蕈菇——不，是稀有的寄生植物「海桐生蛇菰」，雌雄同體。

好運接著來，在闊葉林下又發現一株金線蓮……此刻，若不是燕子口管制哨打電話來催，相信還有寶藏等著我發現。

抵達巴達岡駐在所時（海拔四六〇公尺），天色灰濛，一片荒蕪，只好戴起頭燈橫掃，比對資料，抬頭是七百公尺峭壁屏風，低頭是五百公尺深的溪谷。

站在毫無遮攔的垂直落差上，豈能不動容呢？

遙想當年繁榮。

很可惜，沒有時間潛至巴達岡一號吊橋——舊稱「山月吊橋」，像彩虹般掛在溪谷之上，它的舊照曾引起我無限嚮往。如果能走過去，就是布洛灣了。我和孫大偉曾在那兒瞭望此地。

「你起那麼早啊？」一推開門，我看到大偉正在拍鳥。

「不算早，我是第二個出門的。」他面露得意說：「其實我早就起床了，但我一直忍，忍到隔壁有推門聲才出來，嘿嘿～如果我先出來，不就宣告我老了睡不著嗎？」想到此事，不覺啞然失笑。我問起那個起得最早的人，是嚴長壽或陶傳正？他詭笑不答。

根據楊南郡〈錐麓斷崖古道〉一文，說巴達岡尚有卓姓和高姓兩戶原住民，前者曾協助他探勘錐麓古道才能重見天日，但現在毫無人煙跡象，不知他們搬去哪兒了？後代是否還在這兒耕作打獵？

最後一段是有名的「電光形步道」，約一公里長，顧名思義如閃電般陡峭，從燕子口上來上氣不接下氣，下去卻有如溜滑梯，一下子就溜到終點的錐麓吊橋。

過了橋走出管制哨，管理員立即鎖上閘門，關閉了彩虹之路。

點亮錐麓古道的蠻龍骨花。

大裸緣地衣是空氣品質好的指標。

雌雄同體的稀有寄生植物「海桐生蛇菰」。

金線蓮

東方狗脊蕨

溪谷中的「鷹嘴」地景：中横通過「燕子口」。

第參部

追尋。一種生活

我把「説走就走」看成是一種Escape（放空）——
不是要逃避什麼，而是想體驗村上春樹所謂的
「有質感的空白」、「某種漂浮感」、「某種流動感」的感覺。
即興旅行，會讓人甦醒過來，感覺生命還是流動的。

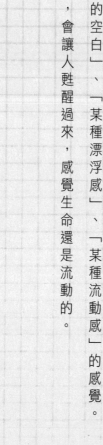

通往快樂的秘徑

路線：水湳洞→山尖古道（水圳橋）→水圳舊道
→隔頂停車場（九份小町）→公車→金水公路
→勸濟堂→戰俘營遺址→祈堂老街→黃金博物園區
→本山（黃金神社）→金水公路→水湳洞

最近，在九份過了一個消逝的和風之夜。

當我在民宿主人高野誠、簡秀卿夫婦經營的九份小町晚餐時，得知畫家朋友嚴凱信、崔麗君夫婦也返回石頭屋畫室，便約定打烊後在民宿把酒言歡，於是，在演歌流曳中，我們來到日治時代的九份了。

這是旅行期待的機緣，後來想想，其實是一個機緣牽引一個機緣的結果。

先是凱信八年前到金瓜石，在外九份溪畔，撞見一座荒煙蔓草淹沒的石頭屋，一見傾心買下來，花了五年傻勁，慢慢打造成畫室居所，讓人直覺想到《托斯卡尼豔陽下》這本義大利生活書，凱信跟作者梅耶思一樣，把廢棄古宅當成自我的隱喻，藉由整修破屋走出憂鬱，重塑一個新的自我。

再是五年前，秀卿偕高野誠從東京返回家鄉九份散心，看到青山一重又一重，小橋流水人家，櫻花處處，加上社宅、神社、鳥居、石燈籠等昭和遺跡，瀰漫一種獨特的「滅び美學」，彷彿日本的古老村落，便心生定居之念，開了一間只有四張桌子的蕎麥居酒屋，因而與凱信家結成好友。其實九份、金瓜石多得是這種新移民，但我缺乏勇氣，只好多來幾次。

我是在當地旅舍緩慢舉辦的畫展中，結識了凱信，兩人一見如故，隔天即在他的石頭屋喝「金瓜石豔陽下」一種的檸檬香茅和甜菊花茶。從他們口中，我對金瓜石更著迷了，因為凱信喜歡騎單車到處鑽，讓我的視野延伸至鮮為人知的祕境。其實，到任何一個地方都是如此，只要問對人，就等於找到祕境入口。

臨走時，他們摘了野刺蔥，要我帶去九份小町炸天婦羅，因而結識了主人高野誠夫婦。

後來聽高野夫婦說要將日式舊宅翻修，提供「和風の宿」，於是，趁櫻花盛開時我又來了。

到任何一個地方，只要問對人，就等於找到祕境入口。

昭和時期的黃金神社、鳥居、石燈籠遺跡，讓九份瀰漫一種獨特的「滅び美學」。

九份小町主人高野誠、簡秀卿夫婦。

凱信在石頭屋畫室中作畫。

果然，從房間望出去，高野誠說的「像極了伊豆」的漁火點點就在眼前——應是釣小管（軟絲）的漁船燈火吧。

清晨醒來，眺望深澳港、基隆嶼，迷濛中的大海令人心曠神怡——那是高野誠的「東京灣」——難怪他說住在九份可解鄉愁，因為他的鄉愁是在東京灣釣魚。昨晚吃的竹莢魚，即是那一方水藍中釣上來的，喔伊吸咧。

下次會吃到什麼呢？黃雞魚？秋姑？鯖魚？還真令人期待咧。在九份小町吃的就是期待之味。有客人吃了感動，還題字作畫掛在店裡，當然，有凱信的畫。

凱信也曾贈版畫《祈堂老街》予我，畫中有隻左耳下垂的老狗趴在階梯上，激發了我的好奇探訪，果真在老街的真心咖啡館找到——原來是主人楊淑妮的愛犬妮妮。我看著妮妮在老街鑽來鑽去，一副熟門熟路的樣子，不由得想請牠當導遊。

在九份、金瓜石閒逛，遇到交談，不乏「公民美學」工作者，他們無形中也成為「觀光資源」。如果水湳洞、金瓜石、九份有一天，能像普羅旺斯亞維儂發展出「水金九藝術節」（閩南語諧音「美真久」）該有多好。有一回，我還遇到柏油畫家邱錫勳呢。

寫作的楊淑妮，因愛上老街的一簾幽夢移居來此。她觀察到滿月時，月光灑在內九份溪上有若一條月河，可說是金瓜石最美麗的景色。但白天站在老街石橋上，看著芒花夾岸的內九份溪潺潺流過，沿河堤走一段路，令人駐足流連，我猜想，快樂的心情想必和山澗有著相同韻律吧，連走在老街的跫音也有相同音階呢。

祈堂老街是一條曲折狹長且須爬上爬下的石階路，幾乎沒什麼店家，不少屋舍人去樓空，呈現

從「和風の宿」望出去，即是高野誠的「東京灣」（深澳港灣）。

凱信送我的版畫《祈堂老街》。

那隻趴在階梯上的狗，激發了我的好奇，後來在真心咖啡館找到了。

一種怪異的蕭索，與人聲鼎沸的九份老街大異其趣，很難想像曾是採金時代的鬧街。

真心斜對面的阿嬤柑仔店是採金時代碩果僅存的店家，經營六十多年了。八十多歲的林秀琴阿嬤，七歲跟父親來到金瓜石。她說以前叫永瑞商店，但樓上租書店是二戰後才開張的，感覺上像是我童年的入口，盡是諸葛四郎時代的漫畫和言情小說。我一邊喝彈珠汽水，一邊聽阿嬤講古，老街的景況也具體起來——原來老街最繁榮時，雜貨店十多家，還有米店、菜販、肉販、水果攤、鐘錶行、裁縫店、剃頭店、彈子房、茶室、診所等，連棺材店都有，可說一個門牌就有一個故事。像真心前身即是剃頭店。但時間的篩子，卻將老街的「黃金歲月」，篩得只剩阿嬤的回憶。

阿嬤嘆說，兒孫都搬到台中了，她住不慣，只好獨自守在老家——啊，幸好有她留住這一盞燈，老街才沒有成為暗街仔。我可是為了聽阿嬤說故事才來的。這世界真奇妙，當地人紛紛離去，我們卻把這裡當作心靈故鄉，痴迷於時光停格的景觀來抒解莫名的鄉愁，可見金瓜石具有沉靜安穩的存在感。

老街走到底，就是巨人關公像坐鎮的勸濟堂，背靠茶壺山。從這裡可欣賞金瓜石聚落全景，但這尊關公俗不可耐，故作威嚴，日夜苦讀，從未抬頭欣賞眼前美麗山海，更遑論廟旁香噴噴的白帶魚芋頭米粉湯了，難怪憋得滿臉通紅。唉，英雄難為！

在北部濱海一帶，白帶魚全年可釣，六至九月最肥美，這期間碧沙港、深澳港皆有載客夜釣（利用白帶魚趨光特性），釣一些銀光閃閃的回憶回家。嗯，這種回憶經過鹽醃風乾，頗合詩人夏宇的提議：「老了，下酒。」

六十八歲的店主簡慶安年輕時做過礦工，釣白帶魚煮米粉湯貼補家用，一賣四十多年，雖然說不上美味，卻成了老街的氣味追憶，頗能擄獲我這輩人的情感認同。許多懶得深入的遊客，喝這碗米粉湯當作到過金瓜石的交代，實踐「到不了的地方，就用食物」的台客旅遊學。

金瓜石可說是由石階、巷弄與小徑構成的迷宮，說實在，開車騎車逛不出名堂，唯有步行才能一窺奧妙，那種摸索的感覺像走在愛琴海密克諾斯島村落，常常為了選擇走哪條路徑猶豫不決，幸好，不論走到哪兒，高高低低，都有不同的視野，面對山巒更是如此——以茶壺山為例，某個角度似「無耳茶壺」，某個角度又成「獅仔山」。基隆山更有趣，看似「大肚美人」，有時又變成「雞籠」、「石猴」。

金瓜石的石階路，有一段是沿昔日九份至金瓜石「山尖古道」鋪花崗岩而成，與大粗坑古道（猴硐至九份）、琉瑯古道（瑞芳至九份）都是這一帶的尋幽祕徑。入口就在九份小町旁。

山尖古道大致沿著外九份溪而行，水聲鳥聲伴我行，走來甚為愜意，途中有一座荒廢的水圳橋，古意盎然，一時興起，想找水圳怎麼走，在附近團團轉，找到一條灌林包夾的青苔石階，鑽上去到頂，見一條粗水管穿過兩塊巨岩夾縫，好奇探下去才驚覺別有洞天——只見水管銜接水泥溝，沿著山壁迤邐而行，中途切開一塊巨岩，寬度僅容人側身而過，直至另一座水圳橋，跨越山谷，橋下溪澗形成飛瀑，可惜對岸水圳已毀，此時才猛然想到，這是運水至水湳洞十三層選礦廠的水圳舊道。

放眼四周，山巒環繞，東邊晴西邊雨，湍急的內、外九份溪在山谷交會，浪漫公路和金水公路蜿蜒其間，不禁吶喊數聲，覺得坐擁金瓜石最美麗的祕境而沾沾自喜。

金水公路即金瓜石到水湳洞那一段又彎又窄又陡的山路，宛如幼稚園的旋轉滑梯，只有童心未泯的人才會看出它的特別，我本以為 March 汽車選在這拍廣告是為了表現靈巧，但孫大偉跟我說不全然如此，因為這條山路呈現一種時光停滯的破敗淒美氛圍——的確，那座依山勢建的十三層選礦廠，遠觀就像被盜過墓的陵寢。

在水湳洞所見的「黃金河」、「陰陽海」，其實就是內、外九份溪匯流的下游與「黃金瀑布」流出的礦水合而為一的「汙染奇觀」。

將金礦產業博物館化，是一種世界趨勢，我在澳洲疏芬山（Sovereign Hill）曾參觀過復刻板的十九世紀淘金小鎮，所有工作人員一律換上百年前服飾，在鐵匠店、麵包坊、糖果店、郵局、報社等場所為遊客「演出」，甚至連華語導遊也扮成清朝人，帶大家追憶華工血淚史。但金瓜石有更獨特的歷史，可聘僱老外扮演戰俘（營區遺址位於勸濟堂下方的銅山公園）當導覽員，也可將運礦石的手推台車當觀光列車，以別於疏芬山的駕馬車，還有，讓遊客穿木屐走石板路，不也很有意思嗎？

如果到九份、金瓜石，只為了吃吃喝喝，卻不知歷史文化，與其他老街又有什麼分別呢？可嘆台灣的老街大多是「腸胃型態」，只有恣意地吃。

很奇怪，明知不可能淘到什麼金，還是情不自禁下到溪澗中——就當摸蜆兼洗褲吧。既然過去傳聞到處都是金礦，說不定將芒花連根拔起後，也會在根部找到些附著的沙金吧？

從水圳舊道回到山尖古道，突然煙雨濛濛起來，石階也變得陡峭起來，路旁有家咖啡館名為119，不禁會心一笑歇歇腳。當我目光沿溪谷往下飄時，赫然發現石頭屋、雲山水（里長吳乾正的民宿）、緩慢、基隆山（又變成「屏風」了）至大海皆在眼界，此時煙嵐雲岫，空山靈雨，不禁讚歎：「美哪！」

當地有座寄宿私校時雨中學，本以為與本地「時雨」有關，但有次在九份小町躲雨閒扯時，

旅行時，我常找人攀談，打聽他們的觀點地圖，旅行經驗因而獨特。

循著水圳橋、水圳舊道走，可找到金瓜石的祕境。

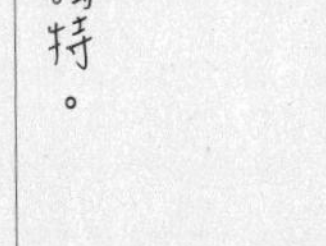

隔座的該校女老師糾正我，說時雨語出《孟子・盡心篇》：「君子之所以教者五：有如時雨化之者……」讓我好生慚愧，接著又以關心學生的口吻叮嚀「天雨路滑，千萬不要爬茶壺山喔！」我只好聽老師的話，改去爬她沒叮嚀到的本山（金瓜石露頭），在茫茫雨霧中憑弔黃金神社，懺悔這輩子為什麼老是惹老師碎碎唸呢？

每當強勁的海風灌進山谷，雨絲不僅從天而降，也由下往上噴灑，有如十面伏擊，堪稱金瓜石殊景，撐傘也擋不了。

金瓜石住民似乎都很友善，也很閒，才有空理會我的搭訕。例如119女主人陳錦秀（也是新移民），對此地瞭若指掌，有問必答，有如旅遊情報站，讓人對金瓜石又多了幾分好感，不像九份老街店家，忙得沒時間理會你，因為你連跟老闆點個餐都要排隊。

九份老街一個就夠了。我祈禱，金瓜石千萬不要變成另一個九份。

其實，對旅人而言，每個地方都有隱藏的魅力，問題是，如何找出來？所以，旅行時，我常找人攀談，打聽他們的觀點地圖。因為藉由在地人指引，切入一個地方的角度就會不一樣，旅行經驗因而獨特。

把家搬到雲海端

路線：東勢→東坑路→200林道（雪山路）→出雲山莊

→大雪山生態社區（若茵農場）→賞鳥平台

→橫嶺山隧道→大雪山國家森林遊樂區→鞍馬山莊

十二月下旬，聽說大雪山200林道有家若茵農場，標榜「住宿森林中，雲海上品咖啡」，於是「說走就走」就出發了。

好久沒這樣率性了。我把「說走就走」看成是一種Escape（放空）——但不是要逃避什麼，而是想體驗村上春樹所謂的「有質感的空白」、「某種漂浮感」、「某種流動感」之類的感覺。上班久了，會讓人處於一種欲振乏力的狀態，但即興旅行，會讓人甦醒過來，感覺生命還是流動的。

大雪山200林道彷彿髮夾夾住雪山西南稜脈——包括橫嶺山、稍來山、船型山、鞍馬山、大雪山等，以前開採森林，現在是景觀公路。起初，夾道的是高接梨，但在8.5K左側突然出現一片似雪梅花，寫著「梅園花徑」歡迎參觀，適時主人張先生開車來了，我好奇問為何開放，他以杜甫「花徑不曾緣客掃，蓬門今始為君開」答我，再多聊些，才知這座「梅花林」暗喻老婆名字「林梅花」。

車子盤旋而上，轉來轉去，很容易就錯過美景，13K的出雲山莊（海拔九〇〇公尺）是絕佳展望點，我剛好碰上曬柿干，散發誘人香氣，忍不住買了些解饞。

其實，大雪山林道也是「柿」外桃源，沿路皆有農家賣柿子，過14K的富山巷，就有好幾戶種。隔天回程我轉進去，拜訪掛「免費閒遊」招牌的裕鑫農場。

農場主人吳先生是一貫道教友，買了這塊寶地栽植蔬果，他的甜柿不削皮直接吃，又脆又甜——嗯，我可不是柿子挑軟的吃那種人。

「最後一批了！」聽主人這樣說，我又摘了一個吃，將剩半的柿子分享樹下的貓咪。在柿園養貓令人莞爾，讓我聯想到「貓吃生柿子」歇後語——「色迷迷」，因為生柿很澀，貓吃了當然會咪咪叫。

為了美麗山水能永駐，我們多付些錢，也算是對這片土地的奉獻吧？

從若茵農場望雲海，許多山峰都成了「島嶼」，還能欣賞到「雲瀑」奇觀。

在出雲山莊遇到曬柿干，散發誘人香氣。

表演輕功絕技的翠鳥。

不過，柿子本來就分兩類，在樹上成熟脫澀的是甜柿，例如本地栽的富有、次郎，而做柿干的石柿、牛心柿，則屬於澀柿。

在15K大棟派出所前後，包括中坑巷、北坑巷、出雲巷、富山巷、育才巷等，有許多民宿各據視野，構成「大雪山生態社區」，若茵農場即在標高一一〇〇公尺的石頭山。說它是農場也不盡然，不種蔬果，只種大自然景觀而已。主人吳俊龍十多年前陪母親走大雪山林道，無意中撞見波瀾壯觀的雲海，心有所感，決定移民大雪山，打造夢想家園，後來山友不斷拜託借宿，才經營起民宿。

大雪山生態社區擁有台灣近半數螢火蟲種類（約三十種，包括特有種黑翅螢），曾因媒體封為「螢火蟲伊甸園」聲名大噪，卻讓螢火蟲棲地（育才巷、富山巷）陷入危機，人潮帶來大量垃圾，甚至帶走一罐罐的「元本山螢火蟲」回家當伴手禮，讓居民不得不藉封溪護魚，輪班當解說員守候棲地，還在路口設置路障，請遊客安步當車，為此被告上法院，但經過不斷請願，政府終於規劃為徒步區。值得喝采是，居民為了永續發展，每日限收四百位遊客，成了「總承載量管制示範社區」。因為他們希望來「對」的人，而不是一大堆「除了垃圾，什麼都不留」的人。

沿育才巷走到底，有條清澈見底的橫流溪，我走在吊橋上俯瞰，礫石磊磊，蘆葦搖曳，潺潺溪水中，苦花、溪哥多得數不清，突然，一隻鉛色水鶇飛來，停在青苔上搔首弄姿，隨後又飛來一隻翠鳥，展現輕功踩在草梢……當下突然領悟，此地民宿貴，貴在為這片山水付出的心力吧。

但為了美麗山水能永駐，也為了讓社區居民有能力繼續守護，我們多付些錢，也算是對這片土地的奉獻吧？

從22K起，景觀丕變——變色葉逐漸占據視線，鵝掌楸、紅榨楓、青楓、漆樹等，色彩繽紛，不禁停車好幾回觀賞。同時，也想起多年前父子同遊的情景，兒子問我：「楓葉為什麼會變成紅色呢？」

孩子的好奇，就像哲學家發問，常問得我不知所措，對我理所當然的觀念產生挑戰，迫使我重新學習，為孩子找答案，結果發現古代歌頌的「楓紅」，正是過去日本人誤稱槭樹科的台灣紅榨楓、青楓（皆是台灣特有種）。

根據植物學家李學勇考據，楓樹就是楓樹，不能因日本學者誤稱也跟著以訛傳訛。而形似楓葉的「楓香」，與楓樹完全不相干，它是金縷梅科楓香屬，葉子多為金黃色（如奧萬大楓香林），極冷時才有機會走紅。

「要記得，楓葉是對生，就像雙腳立正，但楓香葉是互生，就像一腳前一腳後。」我一面解釋一面示範給兒子看。

「我們會再來嗎？」兒子天真地問。但現在，換我想問他。

旅行似乎具有一種神奇魔力，會讓某些甜蜜的、感傷的回憶迸發出來。兒子長大了，我又變成孤獨的旅人了，但父子倆一起追尋答案的過程，至今難忘。

今年賞楓我來晚了，賞鳥卻是來早了，在23.5K處的賞鳥平台（海拔一五〇〇公尺），山桐子還沒結實呢。

往年一、二月山桐子成熟，常見鳥友的大砲鏡頭一字排開，聲勢嚇人，不像在賞鳥，反像在比誰裝備好。這一趟僅見三位，他們好意告訴我，賞鳥要趁天剛破曉，本區賞鳥以三至五月繁殖季最佳……但你們為何在此呢？

「閒也是閒著，出來走走。」原來他們退休了，經常結伴出遊，但我覺得他們想尋找的是象徵幸福的「青鳥」，這種鳥只有在童年才會見到，年輕時不會想要找，等老了才又想去追尋。

由於沒看到朋友說的「成群結隊，歎為觀止」，心有未甘。一月初再度前往，果然看到一群玩生態攝影的人，圍著一棵山桐子拍照，但山桐子尚未全熟，起初以為鳥叫怎那麼大聲，轉頭才知有人放MP3收錄的鳥鳴，引誘野鳥過來當模特兒。

更甚者，在23K處，還以誘食方式招來藍腹鷴，讓牠們變成「家禽」，就像47K的帝雉誘食點……我可不要成為不擇手段的鳥人啊。我期待的是，不期而遇的驚喜。這才是旅行的本質啊。

一月中旬再去，山桐子熟透了，鮮紅欲滴，像串串葡萄高掛枝頭，鳥兒來來去去，果真歎為觀止，說是「鳥餐廳」也不為過。但奇怪的是，鳥兒只光顧一棵，其餘三棵視而不見，難道，鳥兒也像人一樣有「呷好道相報」的習性？

此次所見，以黃腹琉璃、五色鳥為主，偶有白耳畫眉、白腹鶇、樹鵲，還有不時傳來叫聲的大彎嘴——我沒那麼厲害，聽聲音即可辨鳥，而是遇到一位辜姓鳥友，正為一本鳥書拍照，等鳥空檔順便教了我一些賞鳥知識，也給我看他相機中的鳥照。

正當樹上鳥兒像音符般跳上跳下、又像耍特技般吊在枝尾末梢挑果實吃，突然聽到辜先生咕嚕一聲「師公鳥」（黃山雀）——他說看到這隻就不虛此行了，讓我也跟著興奮不已。

再往高處走，過了26K的橫嶺山隧道（海拔一八〇〇公尺），景觀又不一樣了，台灣杉、扁柏、紅檜、雲杉、鐵杉陸續出現，人站在旁邊猶如侏儒，往右側望去，浮雲蔽層巒，不知當年王安石登

我可不要成為不擇手段的鳥人啊。我期待的是，不期而遇的驚喜。這才是旅行的本質啊。

兒子第一次來就看到千元鈔上那兩隻鳥——帝雉。

白耳畫眉

黃腹琉璃

古代歌頌的「楓紅」，正是青楓或紅榨楓。

形似楓葉的楓香，葉子多為金黃色，有三裂，亦有五裂。

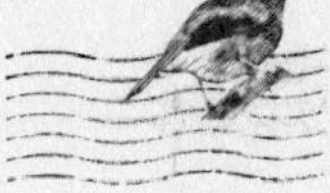

杭州飛來峰，景色是否也如此，才有「不畏浮雲遮望眼」之嘆？

這一帶紅榨楓、青楓較多，將山林妝點繽紛，浪漫的人可撿拾落葉，將大雪山的美麗分享朋友，可惜氣味沒楓香怡人。如果不認識紅榨楓，31.5K 轉彎處的「大雪山國家森林遊樂區」招牌前那一棵即是。

過了 35K（海拔二〇〇〇公尺），便得看森林遊樂區的「付費風景」了，有神木、天池、楓林、木馬古道、森林浴步道、啞口觀景等，以及指南宣稱的長鬃山羊、白面鼯鼠、山羌、石虎、穿山甲等哺乳動物和七十多種野鳥，讓人誤以為進去「動物園」——實則難以相見，能驚鴻一瞥算老天眷顧了。

不過，有人運氣真好，像我兒，第一次來就看到一對帝雉。當帝雉看見我們停車，只是抬頭看一眼，好像打個招呼說「嗨」，又繼續低頭啄食了。旁邊的三隻條紋松鼠，反而嚇得一溜煙爬上樹梢。

想想都覺得好笑，先前鳥友架了好幾支大砲，從破曉守到下午三點多，灑了許多玉米，才拍到一次，而我竟然用傻瓜相機就拍到了。或許要謝謝他們都撤走了，我們才能現賺一千元——我告訴兒子，千元鈔上那兩隻鳥就是帝雉。

這次再來，踽踽獨行散心，沒期待遇到什麼。但山上的夜幕，六點多就急速拉下，還起了大霧。這裡是氣象學上的雲霧盛行帶，我不敢在山徑逗留，乖乖返回若茵農場。

進房時，山下的東勢已是萬家燈火，還綿延至石岡、卓蘭，形成一片「野火燎原」奇景，但我要等到隔天，才知視野比想像中更遼闊（超過二百七十度），大甲溪、大安溪蜿蜒並行，形成台灣的「兩河流域」，孕育了台灣水果的「肥沃月彎」。

是夜，我留一盞燭火，泡澡攬景——請容許我囉唆，點燈時切記關上窗簾，以免飛蛾撲火撞窗

為了一張照片～裸背趴在浴缸發呆看美景～就值得你來此入住！

泡湯攬景——眼前大甲溪、大安溪蜿蜒並行，孕育了台灣水果的「肥沃月灣」。

枉生。若茵農場頗獨特，沒電視沒浴巾毛巾也沒牙刷牙膏，甚至沒什麼服務可言，卻有一個視野遼闊的大浴缸。

難怪我房間的留言本，評價兩極，卻有一則寫道：「為了一張照片～裸背趴在浴缸發呆看美景～就值得你來此入住！」

旅館留言本好像一個舞台，讓客人自己用文字去布置情緒，所以，每一頁都是「風景」。通常，會寫留言本的人，多少都有浪漫情懷吧。

像這一則：「忘掉煩惱的好地方，吵架完後和好的好地方，發呆的好所在，吸收芬多精的好所在，感受到上帝的好地方。」一語道破這裡的特色。嗯，能讓心靜下來的地方，就是好地方。

清晨，我被鳥兒啄窗吵醒，盼望的雲海並未出現，請教主人才知冷鋒來時比較容易出現，因為雲海係大量水蒸氣在半空中（海拔八〇〇到一〇〇〇公尺間）凝結而成層積雲。我沒有把家搬到雲海端的勇氣，只好下次再來賭運氣了。

終於，一月下旬某日清晨，我站在雲海之端了，從若茵農場望出去，波濤洶湧，許多山峰都成了「島嶼」，宛若蓬萊仙境，當層積雲隨著氣流翻山越嶺時，更形成「雲瀑」奇觀，有如水庫洩洪。

「以後不用去黃山看雲海了。」我聽到客人讚歎了一句。但請勿羨慕我的機遇，我可是來了四趟才碰上。

大約八點半，雲海開始倒灌進來，淹沒了若茵農場，害得我必須撥開雲霧才找得到咖啡杯。此時手機突然響了，收訊斷斷續續，朋友問我在哪裡？

「我在天堂。」我大聲說。

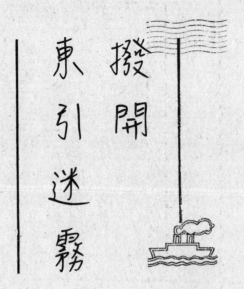

撥開東引迷霧

路線：基隆港→東引（中柱港）→小白船（海上看東引）

→東引遊客中心→安東坑道（觀賞燕鷗）→北海坑道

→東引燈塔→中柱堤→西引島→清水澳（眺望國之北疆）

1、夜航海峽

二〇〇九年九月底夜間，我從基隆港搭乘台馬輪前往東引島，航行了八個小時，在破曉之際抵達了中柱港，此時，乘客就像從賭場出來般，精神渙散，臉色蒼白——的確，我們昨晚都是海神的骰子，在床上滾來滾去。

起初，船緩緩離港，我和許多人倚著甲板欄杆欣賞基隆港燈景，以為是一趟風平浪靜之旅，沒料到突然傳來船長的廣播：

「等一下出港，風浪會很大，第一次搭船的旅客請趕快上床睡覺，不然等一下會睡不著……」果然，出海沒多久，我在床上便感受到風浪的威力，船像小飛機遇上亂流，忽上忽下，忽左忽右，起初頗難受，後來迷迷糊糊睡著了。

但隔年八月再去，台馬輪緊緊扣住大海的韻律而行，海浪有節奏地拍打船舷，浪花湧上心頭，讓人感覺彷彿坐在一隻海豚上乘風破浪。我在頂層甲板觀看一對男女，偷聽到他們在指認北斗七星、北極星，沒多久，夜色慢慢融化為巧克力色，散發熱戀的味道——對我而言太香濃了，只好回艙房睡覺，把一彎弦月留給他們當吊床。

2、東引別墅

東引遊客中心是我極喜歡的「景點」。待在這裡，看場十一分鐘簡介影片，全島景色一覽無遺——可見島有多小，四・六平方公里，僅有綠島四分之一。

「哇，島這麼小怎麼玩？」某位遊客突發一句引來笑聲，洩漏了他的孤陋寡聞，不懂得旅行的本質，或他根本不適合來東引——明天趕快搭船去遊人如織的馬祖吧。

我到東引為了——我想不出理由，暫且說尋找孤獨吧。遊客需要觀光景點來容身，但旅人卻避之唯恐不及，不知將往何處。

「旅行的美妙不在於名勝古蹟，而是能有一段漂泊的時間，無所事事的發呆……」大前研一在《旅行與人生的奧義》透露了美妙旅行的見解，人生不也如此嗎？

所以，在東引的日子，我不時來到空蕩無人的遊客中心，坐在海鳥翱翔的陽台，俯瞰船舶進出中柱港，喝咖啡看書發呆，把它當成自己的度假別墅。

某個東引人對這座新穎建物，裝了部一百八十萬元的無障礙電梯，有著奇特見解：「不如把預算給我，我來背行動不便的人。」他解釋，東引任何地方都比這裡一樓到二樓難走得多，花這種錢浪費呀——閒置的無障礙電梯我不是第一次遇到，但象徵的意義和心意不是金錢能衡量的。

3、從海上看東引

東引遊客十之八九都是磯釣客。他們一早搭小白船出海，丟包似地被放在一座座外礁。我趁船長阿正送便當時，央求他載我繞島一圈，欣賞〈馬祖頌〉歌詞中讚歎的東引特色：「岸高水深，礁石壯麗，浪花拍岸，魚兒多。」

但船一出堤防，我就覺得不妙，一下子騰空，一下子重跌，大浪不時迎頭打下來，顯示海裡有許多暗礁、渦流和湧浪，東引舊稱「東湧」不是沒有道理的。

湧浪與風浪不同，它是風浪脫離風域後傳送形成的，有可能是熱帶氣旋引起的「無風三尺浪」，時間點難以預測，所以，常常看似風和日麗，卻突如其來波濤洶湧，變成噬人的「瘋狗浪」。

我們巡覽驚濤拍岸。首先映入眼簾的是，西沙至老鼠沙間的岩礁釣場，釣客三三兩兩拋釣，阿正說這裡是黃雞魚大本營，「釣到你會跪下來拜託，別再咬餌了」，但也因此常意外釣到追捕黃雞魚的大紅鮋。

在旁邊的雙子礁釣場，有人喊釣到黑毛、烏格（黑鯛），但「夢幻之魚」條紋石鯛（豎立在中柱港的魚雕像）尚未上鉤——這種魚喜歡躲藏在礁巖洞穴中，很難釣，被視為「磯釣之王」，若能釣斤級以上，就值回台馬輪票價了。但我不是釣客，只想當個不虛此行的饕客。

不過，阿正說石鯛愈來愈少、也愈來愈小了，連原本很普遍、附生岩礁夾縫的貝類海鋼盔、淡菜、觀音手等，也愈來愈難採到，因為大陸漁船捕撈很凶，大小通吃，以前軍管還有所顧忌，現在如入無人之境——沒錯，傍晚在中柱港碼頭，還可向大陸漁工買魚呢。

「鄉公所廣播：漁港碼頭有新鮮的魚、淡菜、觀音手……」每天下午四、五點，聽到這樣的廣播，覺得很有趣，好像又返回老眷村時光。當漁船快靠岸時，會致電鄉公所代為宣傳，只是叫賣的人換成了對岸過來的，當地人也見怪不怪，他們是福建長樂的鄉親，事實上，兩邊早就互通有無了，就像手機訊號一下子中國一下子台灣，跳來跳去……朋友買了些海鮮，請餐廳代工烹煮福州菜，如紅糟海鰻、紅糟觀音手、炒魚麵、老酒蒸竹蟶、麵拖黃魚、福州魚丸湯、酒蛋等。

當船跑到安東坑道海域時，黑尾鷗滿天飛，其中一個坑道口即是有名的「賞鷗視窗」，可看到牠們在峭壁間表演飛行特技。但從海上眺望才可一窺全貌，原來整片海岸山壁皆是黑尾鷗和大鳳頭燕鷗、蒼燕鷗棲息地。黑尾鷗族群頗大，叫聲此起彼落，如叫春野貓，難怪韓國人叫牠「貓鷗」、日本人稱牠「海貓」。著名的東引高粱也用黑尾鷗做為商標圖案。

但請勿期待我，用美麗的詞彙鼓勵你，前來這個風聲「鷗」唳、暗潮洶湧的地方，此地曾意外掉落兩條生命，但我沒因此畏縮，因為再危險也沒有比待在辦公室危險吧!?

船繞到東引燈塔下，就是著名的獨角帽釣場了，風浪大作，我都快站不住了，但阿正說這裡是大號烏格、黑毛、白格、紅魽、甚至石鯛出沒的地方。你永遠不知道會釣到什麼，就像真正的旅行，你永遠不知道前方會方生什麼事，人生不也如此嗎？

「沒上過獨角帽，不要說你釣過東引！」阿正在此釣過九台斤石鯛，纏鬥情景歷歷在目，「那種感覺好像釣到一艘潛水艇……」

阿正認為東引成為磯釣天堂，在於「比較容易創造自己的紀錄」。他也因為釣上癮，才移民東引，垂釣人生的希望。

接著，如同風雨飄搖一葉扁舟，越過東引、西引間的洶湧海灣，來到拼大物的首選之地——西引島外海的芙蓉礁釣場。礁座上本來長了許多有風濕療效的海芙蓉，現已絕跡。在東引，只有峭壁上的海芙蓉才得以苟且偷生。

當船衝至北固礁海域時，更為驚濤駭浪，連汗毛都豎起來，但上頭竟然站了四位磯釣客，阿正笑說這裡的魚力大無比，一不小心就會被拖下海，但老手就愛這種挑戰——富貴險中求，釣大魚也

LIMITED PRO

磯釣達人輝哥剛釣上烏格（黑鯛）。（Afi 提供）

是如此。

我趁機回眺「國之北疆」石碑所在的尖岬。上回站那兒，風聲轟隆地響，彷彿島西的三三據點在放砲。不過，小徑兩旁坡地綠油油中點綴著紅藍石蒜和長萼瞿麥花，迎風搖曳，與碉堡、蛇籠鐵藜構成一幅奇妙的戰地風光。但聽當地耆老說，七十多年前種罌粟花，更美。

這片海域詭譎多變，東北風常與西南風產生共伴效應，導致船開不回來，所以，阿正卯足馬力往前衝，闖過羅漢坪海域——岸上即是著名的十八羅漢海蝕柱。

衝到黃丹沙時，風浪趨緩，但我已慘無人色。此釣場雖說有烏格大咬，但臭肚及小黃雞也常來搗亂，瘋狂大咬，讓釣客爆桶，故乏人問津。

終於，看到連結東引西引的中柱堤了——返航了。翹著二郎腿坐在感恩亭中的巨大蔣經國像，如果看到我這般慘無人色，說不定竊竊暗笑：「你好像一尾被釣上來的魚喔！」

4、蔣經國坐在上面

東引人酒一喝，就愛大聲公討論東引的未來，或者說故事，回憶戰地政務的歲月。有次我就聽到前桃園縣長呂秀蓮參訪東引留下的趣聞。

當她行經中柱堤時，不願意上感恩亭，只說了一句：「蔣經國坐在上面，我才不要上去！」

從安東坑道觀看黑尾鷗飛翔纏鬥。

大鳳頭燕鷗有集體築巢行為，但一吵起來即怒髮衝冠。

蒼燕鷗（黑枕燕鷗）直接孵蛋不築巢。

頂著龐克式冠羽的戴勝，為我的東引行留下記憶標籤。

5、反共標語

曾經是「枕戈待旦」的東引，只要稍具姿色的岩石，都被賦予軍事宣傳任務，因此，到處可見「忠義驃悍」、「氣壯山河」、「中流砥柱」、「其介如石」、「事在人為，人定勝天」、「擂鼓石」題字，在據點還會見到「堅定必勝信念，誓死固守據點」、「破釜沉舟絕後路，背水一戰能逢生」等口號，讓人恍如隔世，因為那是我和許多四、五年級生的共同記憶。

這些標語口號在台灣多已消失，但在東引餘威猶存。東引人曾討論，到底要不要保存、繼續上色？或任由它風吹日曬褪色呢？

「你的看法呢？」他們問我。

上不上色都好，東引還是東引，還是台灣特有的戰地島。但我擔心東引未來，變成另一個澳門。

6、東引迷霧

東引周遭暗礁、外礁羅列，常常籠罩在濃霧中，過去曾造成多起船難，清廷因而在一九〇四年委託英國人在東引島東側世尾山興建一座燈塔，山勢雖然只有百來公尺高，卻異常陡峭，風和日麗時從山頂望下去，白色燈塔、黑色霧砲和湛藍的海洋，交織成令人嚮往的愛琴海式風情畫。

我找守塔員閒聊，讀到一本一九〇七年的燈塔日誌，全本以英文繕寫——我才驚知，清末民初的海關和燈塔，皆交給洋人管理。比較有趣的，裡頭也記載了他的阿公陳高福十歲時，進入燈塔陪

對於守燈塔的人，我充滿敬意，因為他們不是住在那兒，而是困在那兒，就像東引當兵的人。

從海釣船上遙望東引燈塔。

從台馬輪駕駛艙看東引……

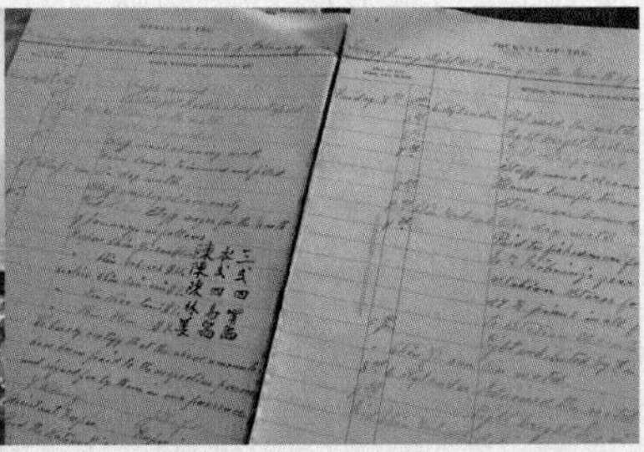

1907 年的燈塔日誌。

伴洋人小孩玩耍，後來成為看守伕，並在一九四七年洋人撤離後，成為首任華人主任管理員。

對於守燈塔的人，我充滿敬意，因為他們不是住在那兒，而是困在那兒，就像在東引當兵的人，內心的荒涼好比眼前的汪洋。我認為，地球上唯有汪洋，才是真正的荒野。

在這裡我搭訕了一位阿兵哥，他望著海，菸一根一根地抽，為情所困，我不知如何安慰他，恰巧海上起霧了，我只好逗他說：「這場霧是你抽的菸引起的……」希望他早日走出愛情迷霧，不要像我花了許多年還走不出去。

歷經馬祖戒嚴、戰地政務、到地方自治，「東引迷霧」一直沒有散去，但有天終究要散去，不再困住我們的年輕人。

7、戴勝

離開東引那個早上，我又去了「東引別墅」，等待台馬輪從南竿來，返航基隆。突然，一隻頂著龐克式冠羽的野鳥在草地上走來走去，我用鏡頭抓近一看，哇，竟然是台灣佛法僧目戴勝科中的唯一鳥種「戴勝」（通常在金門才有的留鳥）。

我觀察了牠一個多小時，心想我真走運。現在回想起來仍樂不可支。這隻不知哪兒飛來的戴勝，讓我對東引的印象變得栩栩如生，帶來快樂的回憶——如果說我的旅行有所謂「動機」，就是追尋這個記憶的標籤吧。

樂當鳥人

路線：東石漁人碼頭→鰲鼓濕地→西濱快速道路→布袋→南鯤鯓→北門→將軍→青鯤鯓→七股潟湖（黑面琵鷺保護區）

每年入冬，雲嘉南濱海濕地，都會飛來許多冬候鳥，讓冷颼颼的海岸線生機盎然，也讓我的返鄉過年過得很特別，別人聽霹哩啪啦的鞭炮聲過年，我則聽嘰哩呱啦的鳥聲迎接新的一年。

由我家鄉（嘉義大林）前往這些濕地都不遠，開車頂多一個多小時皆可抵達。通常，我會先開至西濱快速道路（台61線），再看看要往雲林的湖口濕地，或嘉義的鰲鼓濕地，或台南的七股潟湖區、四草野生動物保護區。有時逛一、二個濕地，有時就隨處走走，完全視鳥況和旅行心情而定。

台61線的中南部路段——從雲林麥寮經嘉義東石、布袋至台南北門、將軍、七股、九塊厝止，穿越魚塭鹽田風光，頗有「芳草萋萋」「煙波江上」之美。有時，選擇一條心曠神怡的路線切入目的地，可能遠比抵達重要吧。

我最常去的濕地是鰲鼓，因為知道的人不多，去的人更少——大多往東石漁人碼頭去了，因而保留了濕地的空寂，留給我這種不善與人相處的鳥人。也因此，此地水鳥比較平易「近」人，往往停在路旁濕地，車上即可賞鳥，若下車還會驚飛。對鳥類而言，車是一種無害的「動物」，但人則不然，根據達爾文的演化論，鳥畏懼人是經由學習而來再遺傳為天性。

夜鷺常棲息沼澤枯枝上，動也不動像具標本注視水面，等待魚浮出，所以，在寒風中，坐在車子裡喝著咖啡，等待夜鷺表演致命一啄愜意不過了。這次來又見到這精彩的一幕，夜鷺戳到一尾拳頭大的鯽仔，先放在嘴中翻來覆去，直至魚斷了氣不再擺動，才從魚頭緩緩吞進去——不要訝異，就是蛇吞象吃法，但不知如何消化魚骨頭？

鰲鼓濕地位於東石六腳大排和北港溪出海口之間，原是台糖農場，後因海水倒灌，形成草澤、沼澤、灘地、紅樹林、潮間帶、防風林、魚塭、沙洲等多樣化地貌，因而比其他濕地吸引了更多樣的水鳥、候鳥。

像列為瀕危鳥類的黑面琵鷺，一般都是到曾文溪出海口北岸的「七股保護區」觀賞，我偏愛到鰲鼓尋覓，因為黑琵在黃昏時會飛離棲地找吃的，鰲鼓即是牠們的覓食區。有次，我即觀察到牠們用琵琶嘴在水中濾食，彷彿舀湯喝，也有好幾次看到黑琵在沙洲上木麻黃樹梢打情罵俏。

每年冬天，全世界倖存的一千多隻黑琵，約有三分之二會飛來台灣越冬，不過，從觀測站看牠們，視線遙不可及，只見朦朧身影，雖然監視器有清晰的錄影，但白天都在睡覺，看了一陣子我也想睡了。

後來經人指點，提早在上午八點抵達，等到九點多，只見黑琵紛紛返回，由空而降，宛若仙鶴降臨，令人目眩神迷，但隨即縮頭縮尾入睡了，直到潮汐移動，一旁的裏海燕鷗展翅，才會驚醒熟睡中的黑琵，跟著飛起轉移陣地。

不知為何，我常在旅途中遇見奇人。有年除夕，趕在黃昏前去觀賞倦鳥歸巢，正納悶為什麼連半隻都看不到時，有位歐吉桑走過來，說下午三點多就飛出去了，還不厭其煩跟我解釋黑琵的作息，我才曉得要到覓食地尋找。

這位歐吉桑即是外號「可樂」的鳥界傳奇人物郭忠誠。他在一九八七年率先披露黑琵在曾文溪口棲息越冬的故事，但他不居功，二十多年來仍兢兢業業做「夜調」，在濕冷的冬夜，泡在黑琵覓食水域，調查數量、飲食習慣、作息等基礎資料，以供研究。

但當年，要不是可樂勸說了當地漁民，不要獵殺偷食魚塭的黑琵，帶動了保育意識，哪有今天的黑琵保護區？

在我看來，黑琵飛來台灣，等於是給台灣一個證明自己是「文明國家」的機會，更重要的，也促使台灣開始思考與大自然永續相處的方式和法律。影響所及，原本規劃在七股潟湖的七輕石化區被擱置了，取而代之的是一種「生活方式」的保護區——在我眼中，這裡的漁民駕著排筏，穿梭在插蚵仔田和定置網間，即是一種特殊的人文景觀，所以，有時心血來潮，就跳上漁民導覽的排筏出海，一邊碳烤牡蠣，一邊聆聽生態解說，觀賞「落霞與孤鶩齊飛」的潟湖風光。

下船後，再到漁民指引的小吃店品嚐「七股三寶」（蚵仔、鹹水吳郭魚、虱目魚），為潟湖之旅劃上三枚驚嘆號。請容我轉述七股燈塔號蔡姓船長的行家說法：「好吃的虱目魚通常背部黝黑、吊肚，背部淺灰、膨肚的是吃飼料的……蚵肚愈白愈好吃……只要海埔鹹水養大的烏公、烏母（即吳郭魚）都好吃。」

七股潟湖係指青山港汕、網子寮汕、頭頂額汕三個離岸沙洲環繞的七股溪出海口一帶，漲潮時面積可達一千六百公頃，生態尚稱完整。沿著七股溪上溯不遠，還有一大片紅樹林保護區，棲息了不少鳥類，尤其是白鷺鷥，傍晚歸巢時，起起落落，叫聲嘈雜刺耳，很難和歌詠牠們的詩詞聯想一起：「白鷺下秋水，孤飛如霜墜。心閒且未去，獨立沙洲旁。」但願這首詩是我寫的，可惜不是，早被李白寫了，想必他也像我這位旅人一樣，有著同樣孤寂的心境。

由賞鳥帶動的保育意識，不僅改變了七股潟湖命運，也催生了一座「台江國家公園」。所謂「台江」指的是荷蘭人治台時的台江內海，包括了大部分台南市區，如安平、安南區，所以，當我想到明末清初赤崁樓（普羅民遮城）與安平古堡（熱蘭遮城）隔著台江內海相望，很難不興起滄海桑田之嘆。

黑琵飛來台灣，等於是給台灣一個證明自己是「文明國家」的機會，也促使台灣開始思考與大自然永續相處的方式和法律。

琵嘴鴨

暗光鳥（夜鷺）動也不動像具標本注視水面。

高蹺鴴

七股燈塔號排筏蔡船長載客人上沙洲解說生態。

鰲鼓濕地因海水倒灌，形成沼澤、灘地、紅樹林、潮間帶等多樣地貌。

黑面琵鷺宛若仙鶴降臨，飛回七股保護區。

台江國家公園包括了曾文溪口至鹿耳門溪口、鹽水溪口之間的河口濕地，我曾在其中的北汕尾濕地看過反嘴鴴、高蹺鴴和一些鷸科鳥類，數量不如預期，可能太接近市區了吧？

就像七股黑琵保護區總是人擠人，結果鳥群愈離愈遠。以我之見，人類愈不關心的土地，大自然就愈關心，會用鳥用魚用蝦來陪伴它。鰲鼓濕地即是如此，我見到鸕鶿、蒼鷺、紅冠水雞和一大群的琵嘴鴨、白鷺鷥、高蹺鴴等，以及我始終分辨不清的鷸科，但願能目睹「鷸蚌相爭」。

琵嘴鴨之多，令人詫異，要不是有張琵琶嘴，我會以為到了養鴨場。但見出雙入對覓食，倒栽蔥潛入水中，翹起尾羽，彷彿跳水中芭蕾雙人舞。

按農委會調查，鰲鼓濕地鳥類高達兩百零六種以上，保育類鳥種有東方白鸛、黑鸛、唐白鷺、雀鷹、赤腹鷹、灰面鷲、魚鷹、諾氏鷸、彩鷸、小燕鷗、紅尾伯勞、黑嘴鷗等，但能否見到就看運氣和辨識能力了。

對於賞鳥我有個感想，快樂來自於，對照圖鑑認識了牠們，然後，久別重逢。這種喜悅與認識新朋友沒兩樣。倘若無法叫出鳥名，這些鳥便沒了意義，就像人的交往，若無法叫出朋友的名字，便與路人無異。

所以，當我在濕地聽到一聲鳥叫，就像聽到朋友叫我一樣，那種空靈的迴音，常讓我莫名快樂起來，忘卻了煩惱。

溯野溪 泡祕湯

路線：花蓮市→台9線→西林部落（萬榮鄉）→西林派出所（入山證）→西林林道→礦區便道→清昌溪口→恰堪溪床→石門（雙溪口）→溯溪→二子山溫泉

能在山水環抱中解決「屎命召喚」（Nature Calls）令人暢快，但在夜晚就不是那麼一回事了——此刻我身在恰堪溪（或名知亞干溪）深山林內，不安地轉動頭燈，探照四方，也豎耳聽是否有令人毛骨悚然的沙沙作響？

雖然確認安全才蹲下去，但下半身暴露讓我覺得很脆弱，我相信人類祖先也如是想，才會用樹葉獸皮遮蔽下半身吧。而我之所以這樣謹慎，係因有獵人朋友被蛇咬過屁股，呼救時還被拉下來的褲子絆倒，差點死相難堪。

突然，頭燈掃到一雙金眼，令我凜然一驚，不知注視我多久了？我們互相凝視、僵持，氣氛有些許緊張，此時身子竟然不由自主發出噗噗聲，金星旋即沒入漆黑中，不知是飛鼠？抑或山羌、水鹿？

來時，在溪床發現許多蹄印和排遺，可見野生動物相當活耀，事實上，才剛入睡即被野鼠驚醒，很奇怪，那種窸窸窣窣特別擾人清夢，好像打算伺機咬人一口。

二〇一二年十一月，我跟著溯溪好手海盜（曾昭源）探勘二子山溫泉，係因夏天來了幾次颱風，路況不明，怕溫泉眼埋了，所以多帶了圓鍬，以備不時之需，幸好海盜負重力極強，帳篷炊具幾乎都給他背了，望著他的身影在亂石間健步如飛，彷彿有一雙山羊腳，讓我想起茶馬古道上的背夫。

數年前某個仲夏，我曾跟海盜溯過巨石嶙峋的清水溪，但我們無畏激流，泅渡深潭，還運用「煙囪攀登法」溯往更高的上游，過程高潮迭起，扣人心弦。其中有位小助教（國一中輟生）如蛟龍出水，藝高人膽大，後來才知他從溯溪找到校園無法給他的自信，可見溯溪具有某種力量，不論是改變命運或者什麼——至少把我變得更勇敢。近年，我急著去實現未完成的夢想，才發現夢想都是令人恐懼的事或地方，是否年紀漸大勇氣漸失呢？

我們從西林部落出發，一如昔日探勘白石山區（霧社一帶泰雅族發源聖地）的台大登山社，他們從一九八八年起，連續七年，策動三十四支隊伍、兩百餘人次，寫下一本令山岳界側目的《白石傳說》，但回到緣起，則因偶然間翻閱到花蓮縣誌「二子溫泉」記載，雖然寥寥數行，卻激發了日後史詩般的大探勘，為探險的真諦（求知欲）做了最佳詮釋。

在西林派出所辦理入山證後，我們沿著栽植山蘇的林道驅車直入，想說能開多遠就多遠，海盜說全程約十二公里，大半皆走溪床便道，前年還可以開到溫泉旁，去年只能到半途，今年就不得而知了。

但是，如果一路開到目的地，除了證明車子的越野性能不錯，還有什麼意義呢？

說著說著，車子下到恰堪溪床了，亂石磊磊，怵目驚心，可想像洪流來時大小石頭互相撞擊的震懾景況，難怪花東鐵路寧可從溪床下鑿隧道（壽豐鄉溪口村）通過而不願造橋，不過，玩石頭的人可樂了，有數不清的奇石可撿。此次，玩石的朋友阿義也來了。

車行不久，看到怪手在前面轟隆地開路。跟工頭閒聊，說要修到初見溪那邊採白雲石，過幾天就會完工……阿義解釋，恰堪溪一帶從日治即開採白雲石，做為煉鋼的耐火材質，所以，礦在哪裡，路就會開到哪裡。

「那不是『石門』附近嗎？」海盜來過數十趟，熟門熟路，說初見溪在石門注入恰堪溪，形成雙溪口。

只好停車了。海盜估計要再走四公里多，於是，換上溯溪鞋，開始在石礫堆中跳石蛇行，跳了一公里多，溪床緊縮，只見兩座大岩壁夾住溪流形成閘口——果然如石門，幸好冬季是枯水期，水流平緩，但仍隱約感覺有一股扯腳的力量。

「白雲石～」阿義指著石門的岩層給我看，不然我還以為是大理石呢。

穿過石門，景觀驟變。往初見溪谷望去，河階嚴重崩坍，亂石阻道，真不知山洪暴發會是什麼場景，但往恰堪溪望去，只見幽谷吐出一彎綠水，引人入勝，啊，傳說的夢境入口。

不過，請容我跳躍時光——隔天中午出來時，怪手已經挖到石門旁，土石紛紛崩入水中，造成石門屁滾尿流，看不到水中石礫，令人走得怵目驚心，就怕一失足大江東去矣。

其實，半夜即被淅瀝啪啦雨聲吵醒，或者說，被警覺心喚醒——我唯恐溪水暴沖出來，似睡非醒窩在帳篷，直到烏鴉像鬧鐘嘎嘎叫個不停，我才爬出來。

此時雨絲綿綿，煙霧裊裊，空氣清新冷冽，整條溪谷只有三隻裸猿各據一方。我以天為帳，以巨岩為枕，仰躺在野溪溫泉中，吐納天地正氣。

我望著青山翠谷，芒花漫開，溪流琤琮，河烏嘰嘰地掠過水面，白鶺鴒站在溪石上啁啾，此情此景如同一個永不醒來的夢境，令人覺得人生不過如此。如果說，野溪溫泉是台灣的祕境，二子山溫泉就是台灣的祕湯了。海盜頗得意這處世外桃源。我問他在這裡見過最美的景色是什麼時候？

「女生情不自禁寬衣解帶！」他不假思索答道。

「全裸？」我嚇一跳：「就在你面前？」要是我在，鐵定用毛巾遮著隱私狼狽逃走，我承認我還沒準備好裸見任何台灣陌生女子，即使我在日本有過男女混湯經驗。

顯然這裡瀰漫伊甸園氣息，讓人願意袒裎相見，但我發現要當亞當夏娃還真難，首先屁股的細

溯溪具有某種力量，不論是改變命運或者什麼——至少把我變得更勇敢。（曾昭源 攝影）

溪床有許多雜亂的蹄印，可見野生動物相當活耀。

兩座白雲石岩壁夾住恰堪溪，形成「石門」。

皮嫩肉要耐得住岩石摩擦，還要承受得了冷風颼颼。

昨日我們在南二子山（海拔二四五四公尺）對岸、湯上岳（海拔一五九〇公尺）山腳下，找到這處依山傍溫泉的河階沙地紮營，往溪谷盡頭望去，就是懾人的針山（海拔二三四〇公尺），但此刻雨霧茫茫，不見直落千丈的大峭壁。

早餐後，我們往上游搜索，發現好幾處溫泉露頭，讓沿岸兩百多公尺遍布溫泉花（湯花）。據說溫泉花對滋潤皮膚和養顏頗有功效，但我沒把握，只敢塗抹不重要的部位。

我們也留意石頭，尤其水雲石上的圖案，有枯藤老樹，也有魚兒水中游或雷龍怪獸……嗯，就看你怎麼端詳，我沒撿，把石頭留在原地，就像其他山友把心遺留在此。

水雲石再美也比不上實景，海盜發現一面峭壁，垂吊著蕨類、蘆竹和冷泉飛瀑，美不勝收，岩壁下還鑲崁著類似鐘乳石、珊瑚化石的「水波石」，不知是否當年《白石傳說》讚歎的絕景：「行在峽底，左右支流均以飛瀑之姿湍下，隱約間，彷彿聞有峭壁上猴啼不絕，淒厲悠長。只覺得入了畫，一行人被潑墨在恣意暢快的山水捲軸上。」

的確，一路行來，絕壁千仞，河階上芒花飛舞，淺灘、曲流、深潭交織，苦花優遊自在，水聲盈耳，令人蕩氣迴腸，心胸豁然開朗，忘了疲憊。

溯野溪的樂趣即在此——尋幽探祕，裸泡祕湯，可說是台灣特有的旅行方式，但在湍流中逆行相當吃力，舉步維艱，雙腿要如中流砥柱才能過關，可謂集技術、體力、經驗和智慧的考驗，有時無法橫渡，被迫高繞，等下降時業已遍體鱗傷，滿載螞蝗和荊棘賜予的熱血勳章。

然而，順流涉溪更是驚心動魄，有好幾次我像要被連根拔起。經過一夜霪雨，我們撤退時，水

溯野溪的樂趣即在此——尋幽探祕，裸泡祕湯，可說是台灣特有的旅行方式。

岩壁下鑲崁著水波石，隱約間彷彿聽到峭壁上有猴啼不絕……

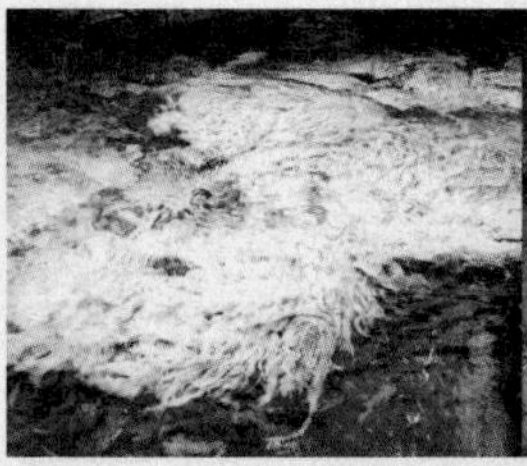

溫泉花據說對滋潤皮膚和養顏頗有功效。

我們在南二子山和湯上岳之間的河階地紮營。

以天為帳，以巨岩為枕，在野溪溫泉中吐納天氣正氣。

勢一發不可收拾，原本水深及膝的涉溪點竟然掩至屁股了，有些地方還及胸，要拉確保繩才能橫渡，海盜不敢讓我涉險，不斷探查涉溪點，卻屢遭深潭絕壁擋道，只好回頭再覓，眼見烏雲在空中打轉，溪水愈來愈高漲，顧不得水急石滑，在他倆挾持下橫切過去了。

就這樣，忽左忽右，在溪水兩側跳來跳去，跳到石門，但迎面而來的怪手張牙舞爪，恰堪溪已成滾滾濁流，發出嘩啦嘩啦的土石摩擦聲，把我們的美好記憶徹底磨碎……唉，誰說天地永恆呢？

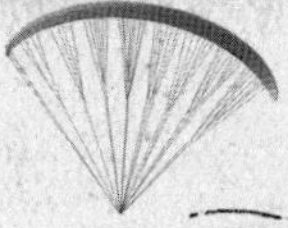

我是一隻小小鳥

路線：萬里國小→瑪鍊路→中福路→忠六街→循指標沿產業道路上山

→中華商業海事職業學校→沿軍營圍牆外道路

→北基飛行傘基地

（教練有提供萬里國小接駁）

「繼續跑～繼續跑～不要停～」雖然教練緊催，那位仁兄還是煞住了。

「風～太～強～了，我～跑～不～動～」他上氣不接下氣，帶著顫抖。

「怎麼會飛不起來?! 是不是太胖了？」有人過去關心——或消遣？

但我猜想，大概是在衝下斜坡那剎那，他軟腳了。

下一位，輪到我了。戴上安全帽，檢查扣環、套帶扣等，卻發現手腳微顫，嗯，我不是告訴自己不要害怕，怎會突然帕金森症上身呢？

以前開車路過翡翠彎，常見上空有飛行傘（paragliding）飛來飛去，宛如朵朵彩雲，讓我憶起小時的飛行夢，憶起被爸媽高舉的飛翔情景，這個夢大家都曾有過，只是長大後遺忘了。

這一次，我這隻在社會「想要飛卻怎麼樣也飛不高」的小小鳥，終於鼓起人生餘勇，循著指標開往山上的「北基飛行場」，抵達後赫然發現，世上不怕死的小小鳥還真多。

未來會怎樣究竟有誰會知道
幸福是否只是一種傳說　我永遠都找不到

我先觀察地形：眼前是一片開闊的緩坡草地，但越過眼界處，卻是急轉直下的芒草和樹林。哇塞，摔下去可不是開玩笑的，難怪剛才那位仁兄龜縮不前。不過，站在這裡俯瞰，視野棒極了，左方的龜吼漁港、野柳，右方的瑪鍊漁港、龜山島，盡入眼簾，但不知從空中俯瞰又是什麼感覺？

雖說這裡海拔不到兩百公尺，問題是，要腦袋不做它想、義無反顧跳出去可不容易，畢竟高空彈跳還有一條繩索牽住你。這簡直跟跳崖自殺沒兩樣嘛。要跨出那一步，要相當有勇氣。

更慘是，此刻腦袋還不識好歹加速運轉各種情況：「沒有風了」、「傘沒張開」、「墜落海中」、「掛在樹上」、「摔到馬路被車碾過」、「空中相撞」……而且，過去也不是沒發生過「番茄醬炒肉」的慘不忍睹畫面。

「為什麼要帶鋸子？」我問教練。

「哈哈，以防萬一。」

「萬一什麼？」

「哈哈，萬一迫降在樹上，可能要用鋸子鋸，才能脫逃！」

哈哈，來了就豁出去吧。更何況，愛惜生命到連路邊攤也不敢吃的趙少康都敢上去飛了，我還有什麼不敢呢？

而我之所以知道，是因某教練招攬我時，唸出一連串體驗過的名人，所以，當我聽到熟人名字，頓時勇氣倍增。（但後來聽趙大哥說，只是去瞧瞧，沒有上去飛。）

準備起跑了。

教練先將飛行傘攤平在草地，再將我與她（是的，女生）扣在一起，變成生命共同體，讓我頗有安全感——萬一墜地，以她的體型，很適合墊底。其實玩飛行傘頗似馬戲團空中飛人，必須完全信賴對方，才敢把自己交給對方。如果公司團隊缺乏默契，讓他們來學飛就可建立互信了。

接著一聲令下，教練逆風拉起傘，喝令我用力跑，她也跟著跑，同時有位教練在旁拉我助跑，說要對抗風阻，可是沒跑幾步就喊卡了。風沒了。

教練要我退到原點，等待風神來臨。沒多久，風向袋斜飄起來，教練群全跑過來幫忙，吆喝趕緊起飛，總教練大喊「往左飛」，於是，我閉起眼睛往前衝（我猜想投崖的人也如此吧），直至踩空、下墜——就在「我要死了」念頭浮起瞬間，有股神祕力量拉了我一把。

風呼呼地響著，不止，還有我的心跳聲。我睜開眼睛，看到一雙腳溺水似地踢著——啊，竟然是我的腳。

「腳不要亂踢，屁股往後坐。」教練傳來指示，我往後一挪，果然有張坐墊，先前的不安逐漸褪去，心情也開始 high 起來，第一次搭飛機都沒這麼興奮。

啊，我明白了。這股將我往上拉的神祕力量，其實是高中物理學「白努力定律：流速愈大，壓力愈小」之應用——亦即，透過飛行傘上層的風口，讓空氣流速加快，減低空氣壓力，相對地，下層空氣流速較慢，壓力變大了，因此造成一股由下往上推擠的上升力。所以，傘翼拉起後，我們要逆風快跑，就是為了讓空氣流速加快，產生將傘翼往上拉的力量，好將人帶離地面。

隨著教練扯動操縱繩，控制飛行方向，我們先至一片蓊鬱的山林之上，與好幾具飛行傘繞著圈子飛，忽上忽下，風聲在耳際呼呼作響，讓人感受到氣流的存在，毛細孔舒暢地呼吸著，此刻，我是一隻鳥，也是一片雲。

我們掠過飛行場，看見下面正忙著起飛，再轉個大彎，掠過令人緊張的台2線車流，往龜山島方向飛，此時氣流穩定，視野海闊天空，啊，忘了帶一杯咖啡上來喝。

至此，我發現飛行傘其實沒想像中恐怖，教練也不忘展現滑翔、盤旋、滯空等絕技，說是「鳥人」也不為過。

風聲在耳際呼呼作響，讓人感受到氣流的存在，毛細孔舒暢地呼吸著，此刻，我是一隻鳥，也是一片雲。

要凌空跨出一步跳出去，要相當有勇氣。

看到一雙腳溺水似地踢著——啊，竟然是我的腳。

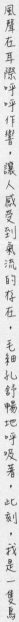

一隻大冠鷲飛過來，跳華爾滋似地繞著我們飛舞。

正當我沉醉翱翔時，說巧不巧，一隻大冠鷲飛過來，跳華爾滋似地繞著我們飛舞，或者，牠正在垂涎——我們實在太像一隻大鳥爪下抓著的兩塊肥肉……不，我在前、教練在後，首當其衝的我豈不成了祭品？

幸好，大冠鷲沒有攻擊就飛走了，不然我肯定死．相．難．看。與鷹隼共舞，我猜是台灣特有的飛行傘體驗吧。

可能因盤旋半徑小，風阻大增，有幾次失重往下墜，教練示意最好趕快降落，我才發現底下是台2線，有好多車子緩行，似乎正準備目睹即將發生的災難新聞。

要降落了……教練在耳際叮嚀，腳尖著地時要屈身往前跑幾步，千萬不可直接落地，屁股更不能往下坐，但我想到的卻是，落海，因為我們正以四十五度角度往大海方向切。

到了海灘上空，教練大喊下降了，說時遲那時快，幾個迴旋轉，我還來不及把心吞進嘴巴，倏地降落沙灘了。

回頭，只見飛行傘攤瘓在灘頭，我的心呢？仍懸在半空中——我毫不猶豫，再次整裝，上去收心了。

此時，突然有種年輕的感覺，因為我還有勇氣逐夢。

慢城漫遊：
多背一公斤，
交換生活體驗

路線：o'rip→花蓮大橋→台11線（6.5K左轉砂石路）→往海邊

→台11丙→大學路→台9線（中華路）→平和火車站

→大王菜舖子→台9線（中山路）→壽豐火車站

→豐田火車站→五味屋

以前進花蓮市區總覺得乏味，只當它是花東入口，直至有天拿到 o'rip 設計的名片夾鑰匙圈，我才找到「多留一天」的理由。這件名為「慢城花蓮」的鑰匙圈，總共串了二十五張有關「慢食」、「慢遊」、「慢活」特色小店的名片，大多是近年移民花蓮的人所開，也有倦鳥歸來的遊子所開。但它不是協會或組織，而是店家「互相推薦」組成，希望藉由各種緩慢方式——例如慢遊、慢食、慢讀、慢閒、慢工、慢養等，讓花蓮生活更美好。

近年來，慢城店家宛如「針灸」般讓花蓮有了微妙改變——更有人文樣貌了，就像巴塞隆納利用許多小廣場針灸周遭市容，打造出一座人文港都。

所以，這些有意思的店家主人，便成了我眼中的「景點」。以 o'rip 為例，我每次去花蓮，都會去串門子，找武訓、玉萍夫婦給旅行建議。o'rip 是阿美族語「生活」之意，主要是協助旅人「走花蓮人的花蓮」、「瞭解花蓮的生活創意」，不僅辦了一本風格雜誌，也不時舉辦文創商品、假日市集、小型演唱會和講座，藉此傳達生活在花蓮的想法與態度，讓旅人在花蓮有不一樣的體驗——譬如二〇一〇年七月某夜在璞石咖啡，當萬芳唱到「風吹過臉上　我顫抖那麼強烈　眼淚是散落在風中的冰屑……」我們心裡的陳年舊傷也跟著奪眶而出了。

那次在玉萍建議下，我在慢城有了不一樣的體驗。

1、多背一公斤的旅行

原本我的旅行都極為輕便，不是一路走一路丟（例如將不想再穿的破舊衣服丟在當地），就是一路換洗，但近幾年不忍造成當地環境負荷，行李變重了，我會帶自己的盥洗用具，也會多帶一些衣物，總之，就是「多背一公斤」，期許自己做到「除了腳印，什麼都不留」，甚至，也不再從當地拾取或購買任何會造成環境威脅的紀念品回家。

有時候，購買紀念品，也會成了破壞生態的幫凶，就像我在非洲買木雕、吃炭烤，無形中也助長了森林加速砍伐。

但現在去花蓮「多背一公斤」對我有了另一層意義：我帶著一台星巴克咖啡機，前往慢城店家「五味屋」——這是由一群猴囝仔當掌櫃的二手雜貨舖，只在週六、日開張。

猴囝仔都是壽豐鄉豐山村牛犁社區的小朋友，有不少是隔代或單親教養，缺乏妥善照顧，於是，在東華大學顧瑜君教授帶動下，成立了一家社區二手公益商店，讓小朋友在假日學習經營募集來的物資。當然，這裡也有大人「伙計」在幫忙，一邊指導功課，一邊教害羞的他們如何募集物資、布置店面、學習應對進退的禮儀，進而培養生活技能，實現自己的「夢想」。

所以，五味屋可說是一個陪伴的空間，在這空間裡，藉著東西的進進出出，累積起各種關係，變成一個具有歸屬感與學習的地方。但這裡絕不是傳統的單向救濟所，小朋友必須有所付出才能得到「照顧」。這種照顧不是金錢的直接救濟，而是以「換工」方式來完成自己的夢想。

想看電影、買玩具、買書包，或想去旅行，都行，五味屋出錢，小朋友就做點工來換，譬如幫忙種洛神花、整理空間——這也是鄉下交易的本質，利中有情，情中有利，就像五、六十年代以前的雜貨舖。

畢竟，五味屋是一個充滿關係而不是塞滿東西的空間，真正想做的「買賣」是「給社區孩子們一個真實的多元學習場所」。

所以，眼前的「需要」，就是這裡的所有學習，沒有教條式教養，完全藉由真實生活參與，來培養孩子們的興趣，學習鄉下孩子應該有的五種「味道」：天真、勤儉、感心、親切與好用——五味屋名稱的由來。說起來很有意思，五味屋故意選在農民曆「諸事不宜」的日子開張，就是要破除「以利為重」的商業思考，嘗試重建鄉村的互助與照顧的價值。也許有一天，孩子長大後，會從這裡的車站出發，但他們會帶著五味屋的精神，進入台灣的社會，影響我們的世界。

因此，下次來花蓮，請將五味屋這座日式風鼓斗老房子當作一個「景點」，多背一公斤的二手物品來，與裡頭的小掌櫃們聊聊天，順便慰勞一下大伙計們的辛勞。

但請不要說重，倘若無心，你連一公斤都背不動，倘若有心，你連一百公斤都背得動。

2、換工旅行

慢城某些店家，正在發酵一種「換工」的旅遊型態，是我投宿「住海邊」時發現的。

住海邊位於花蓮溪出海口，也就是俗稱「洄瀾」所在。據說清同治年間，由宜蘭前往花蓮拓墾的漢人，最先在此聚居，因見溪水注入太平洋時激盪出迴旋巨浪，便以閩南語「洄瀾」稱呼此地，叫久了就變成「花蓮」。

其實住海邊前身是海防部隊碉堡，撤哨後還給地主，但銅牆鐵壁的混凝土工事，誰拆得了？不過，當過兵的人都知道，海防崗哨向來都是風景最美、視野最遼闊的的地方，更何況這座小碉堡依山傍海，所以，在地人阿正便承租下來，與女友書琴（管家婆）一起將碉堡改裝成六個房間

有一天，孩子長大後，會從這裡的車站出發，但他們會帶著五味屋的精神，進入台灣的社會，影響我們的世界。

五味屋是個充滿關係的空間，真正想做的買賣是「給社區孩子們一個真實的多元學習場所」。（林柏偉 攝影）

O'rip的玉萍（右）協助旅人「走花蓮人的花蓮」、「瞭解花蓮的生活創意」。

五味屋以五種味道：天真、勤儉、感心、親切與好用命名。

的民宿，自己住一間，四間出租，一間保留給「小幫手」。

可以想見，碉堡民宿完工後大受歡迎，所以，像我這種臨時起意想去住的旅人，怎可能訂得到？幸好，小幫手尚未報到，管家婆特別允許我入住，才得知這裡「以工換宿」。

原來，裝修住海邊期間，無法兼顧市區另一個民宿「自己家」，便有人建議管家婆效法紐、澳的「打工度假」（Working & Holiday）找人幫忙，但他們付不起工資，只好改為不支薪「以工換宿」方式，以「與他們一起生活在花蓮」為號召，在部落格上徵求 Housekeeping 的小幫手。

「花蓮有山有海，像住在國外的感覺，為什麼要到國外才能打工度假呢？」管家婆將打工換宿定義為一種互惠、分享，而不是金錢的行為，所以，來此打工換宿的人，不但沒薪資可領，而且要待兩個月以上——為什麼要那麼久？

「光是熟悉 Housekeeping 就要三週的時間了！」

除了換宿，書琴也曾玩過其他形式的「換工」，像名片設計，就是她用兩夜免費住宿徵求來的。有一陣子，她也徵求帶二手書或 CD 來折價住房。這也是交誼廳像間書屋的原因，但現在她不敢再玩了。書滿為患。

但住海邊可不是每個人都住得習慣，吹慣冷氣的人最好不要來，這裡只有自然風——下午二、三點後從海上吹進來的海風和半夜二、三點後由陸地吹出去的陸風，這是海陸溫差造成的效應，因為空氣總是由氣壓高的地方流向氣壓低的地方。

「都市人早已忘記自然風了。」書琴對這座與眾不同的居家有自己的主張，例如家具幾乎都是海邊漂流木撿來做的，床被和枕頭套也都經過曝曬——你有多久沒睡過散發陽光氣味的床被呢？

「住海邊」位於風景最美、視野最遼闊的小山丘。

仲夏午後，躺在發呆亭，令人心曠神怡。

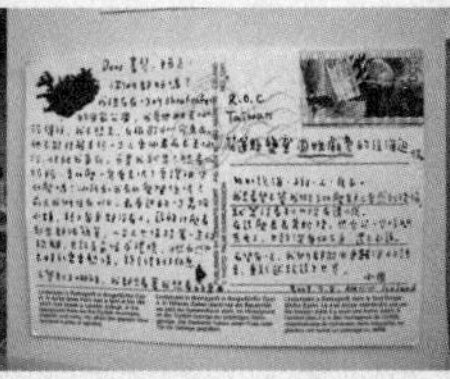

許多住過的旅人，寄來書信或留下作品。

交誼廳裡有許多書和CD，都是跟旅人換來的。

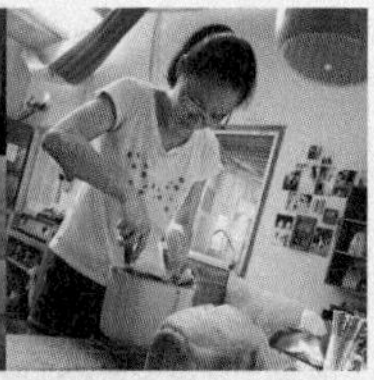

管家婆書琴每天早上會做一大條吐司麵包分饗旅人，費用自己看著辦。

在二樓哨亭旁，阿正也打造了一間達悟式「發呆亭」，左觀花蓮溪，右望太平洋，二百七十度的視野，令人心曠神怡，看久了，人也放空了。仲夏午後，躺在這裡，清風徐徐，不知不覺就有了南柯一夢。是夜，月光籠罩，我躺在發呆亭仰望繁星，濤聲入耳，竟然不知不覺又睏了，直到一聲巨響——不是砲聲，而是我的鼾聲，才驚醒回房。

但願，今晚的月亮和星星也能滑落夢中，裝飾我的夢境。

隔日天乍亮，花東特有種烏頭翁便把我吵醒了。我帶著恰恰和小花（管家婆的小狗）沿著堤防往迴瀾走，但溪口長灘布滿大大小小的石礫，穿人字拖很不好走，乾脆脫下來慢慢走，也許這是我學花蓮人「放慢腳步」的契機。

有人起得更早，除了灘釣客，還有群阿美族人，正數著半夜抓來的鰻線和紅頭魩仔魚。我與他們聊著聊著，竟也飢腸轆轆起來。該回去做早餐了。

住海邊與一般 B&B 民宿有很大不同，不主動供應早餐，要吃得自己動手，食材在冰箱，有蛋、火腿、蔬果等，但管家婆會做一大條吐司麵包分饗，費用自己看著辦，桌上有個投幣罐。

做早餐時，房客陸續醒來，這是管家婆與大家交流的時光。我從他們談話中，得知有位女生要去慢城店家「大王菜舖子」以工換菜，再拿回來煮食分享。

原來，大王菜舖子也有提供換工，幫忙將花東各地有機小農運來的果菜分門別類，秤重、裝袋、密封，再按訂單宅配至各地取貨站（台北也有）。

「想到幾個小時後，這些果菜就會出現在某家人餐桌上，就覺得這個工作很有意義……」我已經很久沒有遇見這種熱血青年了，聽得我也躍躍欲試，覺得好像有人在問我：「廉頗老矣，尚能飯否？」

清晨在「洄瀾」（花蓮溪出海口）捕魚的阿美族人。

阿美族人忙著整理半夜抓來的鰻線和紅頭魩仔魚。

不過，更重要的是，大王搭起小農和消費者的交易平台，鼓勵小農採用自然農作法，發展「農莊式經濟」找回土地原貌。從一個發想到今天訂單應接不暇，令人佩服他的心意和遠見。

說來有趣，本來應該「在地生產、在地消費」的農產品，竟然有許多宅配到台北，可見大家有志一同，願意多付一點錢，扶持小農經濟。

除了打工換菜，大王也想規劃下田收割、吃割稻飯的「農人與農法食法的小旅行」，但四肢不勤的我，還是參加「在地生活的小旅行」就好，例如在他家後院烤麵包、烤披薩、烤雞，吃吃大王菜舖子的果菜和魚蝦即可。

住海邊的晚餐——如果有人想大顯身手的話——也很有意思，有人提供食材，有人提供廚藝，有人則買酒水、水果、甜點共襄盛舉，至於找不到貢獻的人，就去洗碗筷或駐唱助興吧。基本上，晚餐也是一種「分享」形式，或者說更不拘型式的換工。

由於小幫手沒有薪水，還需自理午晚餐，所以，有時也要抽空自食其力。他們有的出租自己的機車，有的打工換食，也有做小生意（譬如做果醬餅乾、手感明信片）放到慢城店家寄賣。有次，他們在「有的沒的」舊貨舖子辦了一場「手作創意小市集」，促成「有的沒的」轉型為二手雜貨和傢俱、輕食的手感商店。「有的沒的」蒐羅的東西五花八門，連一向不買紀念品的我，也忍不住買了三個利用血藤、銀葉樹、鴨腱藤的種子做的鑰匙圈。

小幫手的換工，不僅要整理房務、提菜籃上市場砍價挑菜、下廚做飯，甚至做木工水泥工，說是為了換取食宿，未免過於簡單，還不如說他們在「交換生活」。

旅行，至此已變成一種生活體驗。透過「換工」，他們融入了在地生活，旅行因而有了不一樣的面貌。

透過「換工」，他們融入在地生活，旅行因而有了不一樣的面貌。（王福裕 提供）

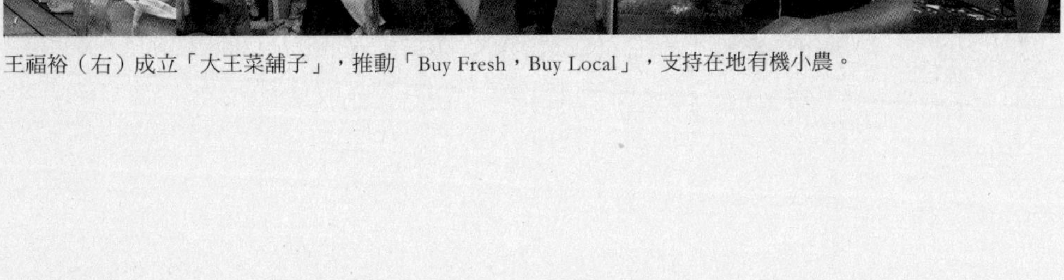

王福裕（右）成立「大王菜舖子」，推動「Buy Fresh，Buy Local」，支持在地有機小農。

特有種旅遊資訊

（本書所刊載之店家資訊，為作者旅行當時所取得。）

1 蝴蝶效應

*茂林國家風景區「紫蝶幽谷」

每年十二月至隔年三、四月間，約有十多處「紫蝶幽谷」，通常僅開放一、二處。紫斑蝶要在二十一度以上、陽光普照時才會出來，賞蝶時段早上八點至中午最佳。

電話：（08）7992221

免付費服務電話：0800-600766

*得恩谷生態民宿

高雄茂林區多納部落，提供魯凱風味餐，如假酸漿葉包的小米麻糬（阿拜）、地瓜米麻糬、花生煮南瓜排骨（漲奶湯）、烤山豬肉等。

電話：（07）6801540

*烏巴克藝術空間民宿

亦提供狩獵、生態、文化活動體驗

電話：（07）6801035

0911-338983

0910-774687

*神山愛玉冰

電話：（08）7902418

0933-684700

*玉美小吃部

霧台部落，樹豆排骨湯和石板烤肉皆佳，自製辣椒醬也是一絕。

電話：（08）7902570

*夢想之家（霧台部落民宿）

電話：（08）7902312

0912-786109

*穌木古（阿禮部落民宿）

電話：（08）7902141

2 前往黑熊作夢的地方

黃美秀教授主持之野外研究計畫，有時會開放志工應徵，有意者可洽詢助理蔡幸蒨小姐：

電話：（08）7740416

黑熊保育協會網站：

www.taiwanbear.org.tw

3 尋蘭記

*綠野香波小吃店

位於鹿場部落。先問問店家今天有什麼特別的，如苦花、溪高、狗甘仔、過山蝦等。再問問有什麼山採藥材，如山葡萄、羊奶頭、骨碎補等，煮法可請教店家。

電話：（037）824105

*一葉蘭農場（民宿）

電話：（037）821012

0927-610610

4 遇見寬尾鳳蝶

*雪霸國家公園警察隊觀霧小隊

路況洽詢&入山證辦理，請注意：大鹿林道東支線，開放進入時間為上午七至十一點。

電話：（037）276200

*清泉溫泉

電話：（03）5856037

＊清泉山莊

（通鋪每人五百元，套房一千五元）

電話：（03）5856026

0921-632897

5 當個泰雅獵人

＊泰雅獵人學校

阿雄 Ashong，吳秉宗

電話： 0978-517360

（03）9801810

6 尋找幸福蟲

＊原鄉

位於紅頭村的改良式傳統地下屋民宿

電話：（089）731683

0913-855253

＊無餓不坐

位於漁人村的 Pub 餐館，以電影《等待飛魚》場景著稱，男女主人的愛情故事也如同劇情。夏季提供「以工換宿」給年輕人。

電話：（089）731623

0933-840350

＊烤飛魚

東清村港口有數家烤香腸攤在賣，配冰啤酒極佳。

＊阿泉伯海燕窩

島上有輛裝了擴音器、大喊「海燕窩……」的小貨車，其實賣的是珊瑚草凍，類似石花凍，加上一球芋頭冰淇淋更好吃。

電話：（089）732056

0912-429029

7 福山薩伐旅

＊福山植物園

電話：（03）9228900

入園申請：fushan.tfri.gov.tw（免費，唯須事先預約，但三月份因野生動物繁衍高峰期，不對外開放）

＊呂家魚丸米粉

福山植物園不提供餐飲，最好先在員山鄉用餐。此店蒐集了許多五、六十年代的國台語黑膠唱片，用封套裝潢牆壁，還播放那個年代的老歌。

電話：（03）9231886

＊彩燕在地美食

山珍野菜，如烏毛蕨炒酸菜、炒筆筒樹、牛奶榕燉排骨湯、丁香魚炒山蘇、清蒸苦花魚、鹽酥溪蝦，涼拌蕁菜、冰糖蕁菜等。

電話：（03）9228931

＊雙連埤濕地民宿

自然體驗學校

電話：0935-643251（楊先生）

8 召喚八色鳥

＊湖本生態深度導覽

電話：（05）5896982（張景開）

＊湖本生態合作社（民宿）

電話：（05）5890375

0956-309215

9 太平洋的風一直在吹

＊吉安「黃昏市場」

約有二十多個菜攤，以阿美族野菜為主，每日下午二點開市，七點收攤。

＊噶瑪蘭風味餐

（台11線 43.5K）

電話：（03）8711339

*陶甕百合春天
（台11線 67.2K）
電話：（03）8781479

*莎娃綠岸文化空間
位於海祭場旁，亦有漂流木搭建的通舖民宿。
電話：0912-523477
（03）8781243
（陳英彥小姐）

*升火工作室
（台11線 63K）
花八小時燻烤的飛魚，滋味相當棒。

*PASA 廚房
（台11線 151.9K 旁）
作家江冠明以龍窯灶烤豬腳、羊排、南瓜等私房料理。
電話：0933-692445

*美濃冰品
位於美農高台上，有許多口味，如釋迦、火龍果等。
電話：（089）570716

*杵藝食舞
沿「都蘭遺址」指標前行約五十公尺。
余冠榮，阿美族原味餐
電話：0980-154799

*月光小棧
沿「都蘭遺址」指標前行。
電話：（089）530012
0912-267915

*望海的民宿
藍色珊瑚礁
電話：0937-622339（黎先生）
福樟紅檜木屋渡假村
電話：（089）841639
南八里
電話：0913-275661（酆先生）
尚恩花島
電話：089-530242（蕭先生）

*熱帶低氣壓
衝浪教學、餐飲&民宿
電話：（089）896738
0937-579522（IBU）
0912-429002（清水淳）

*小馬天主堂
成功鎮信義里小馬路58號，位於台11線旁。

*杉原海洋生態公園
電話：0919-173056（陳世岳，生態體驗導覽）

*都蘭糖廠店家
ㄅㄧㄤˋ Café，小方的 Lunch Bar，Homi 好的擺（手工藝品）……

*都蘭天主堂
位於都蘭村，往都蘭遺址、月光小棧路上，東河鄉都蘭村34鄰302號。

*「我自然」生態農園&民宿
電話：（089）570777
0932-664771

*鐵花村
電話：（089）343393

10 與子偕行

*山友俱樂部
電話：（02）87129365

*好野人休閒事業
亦提供玩雪、賞雪行程。
電話：（03）8332472

11 追尋馬偕牧師的旅跡

*更新海產老店
（台2線 129.7K）
一面吃海產，一面欣賞龜山島。
電話：（03）9775443
0935-681823

*大溪漁港
（台2線 125K 處）
有許多現撈魚蝦蟹。四至八月，在港區可賞紅燕鷗、黑尾鷗、蒼燕鷗和鳳頭燕鷗等。

*海景咖啡屋

黃金咖啡（台2線94K）、香蘭坊（台2線104K）

*三貂角燈塔

（入口位於台2線108.5K處）

12 站在三九五二

*山友俱樂部

電話：（02）87129365

13 重溫博物學者踏查山林的樂趣

冬季賞梅

我個人頗喜愛「蠟梅處處香」的武陵農場，但蠟梅並非真正的梅花（薔薇科櫻屬），而是蠟梅科蠟梅屬，其花色略黃，比白梅、紅梅、胭脂梅還要香氣撲鼻，花瓣摸起來像打過蠟，古稱為蠟梅。值得注意的是，此地梅花先開，再開櫻花，二月間有機會同時看到兩種花海。

*武陵富野渡假村

電話：（04）25901399

*「七家灣遺址」出土展覽

（武陵賓館2樓）

14 追尋合歡越嶺道

*噴水餐廳

位於埔里，蔣經國民間友人，以蛋黃鴨著稱。

電話：（049）2982063

*大眾食堂

位於國姓鄉，蔣經國民間友人，客家菜。

電話：（049）2451452

*明琴清境

推薦樹番茄果醬、燈籠果果醬，夏季喝燈籠果醋搭啤酒。

電話：（049）2803888

*觀雲山莊（救國團）

電話：（04）25991173

*雪巴（嚮導）

電話：0937-078747

*中橫（台8線）：大禹嶺至天祥

大禹嶺↓關原（有全台最高加油站，海拔二四〇〇公尺）↓關興橋↓關原橋↓匡盧隧道↓碧綠隧道↓金馬隧道↓碧綠神木（咖啡屋）↓翠谷橋↓慈航橋↓慈恩橋↓陽明隧道↓新白楊↓衡山隧道↓慈雲橋（位於150.5K處）（注①，注②）

注①：↓嵩山隧道↓洛韶↓卡魯給↓薛家場↓恆山隧道↓豁然亭↓西寶農場（西寶國小）↓西寶隧道↓迴頭灣↓谷園隧道↓泰山隧道↓文山↓天祥

注②：中橫沿線若遇紅色鐵橋，建議下車巡覽，橋頭如有艾菲爾鐵塔標記（如慈雲橋、清泉橋），即是「法國橋」，從銘版上的越南文研判，本應一九五四年送往越南，後來改運台灣，成了美援道路史蹟。

15 通往快樂的祕境

*緩慢

電話：（02）24961111

*九份小町&民宿

烤魚頗佳，冷烏龍麵和蕎麥麵也有水準，再佐以「狐狸湯」（腐皮湯）就很有日本味了。

電話：（02）24962510

0988-863443

*真心咖啡館&民宿

電話：0938-752202

*白帶魚芋頭米粉

電話：（02）2496 1458

0928-272459

*夜釣白帶魚&小管

一般都在晚間七點開船，全程約2.5小時，每人約一千五～兩千元。

電話：（02）24224471

0910-091043（碧砂漁港）

（02）24654088

0935-860066（深澳漁港）

16 把家搬到雲海端

*大雪山國家森林遊樂區

鞍馬山莊

電話：（04）25877901

開放08:00-17:00

*裕鑫農場（甜柿）

電話：（04）25971185

*富三農場（蜜雪梨）

電話：（04）25971168

*若茵農場（民宿）

電話：（04）25971218

景色提示

螢火蟲季四～五月，冬筍季一～四月，賞楓季十一月底～十二月中（請先致電大雪山國家森林遊樂區），雲海季十二～二月（請先致電若茵農場）。

17 撥開東引迷霧

*東引遊客中心

電話：（0836）77266、77267

*台馬輪

電話：（02）24246868

*老爺大飯店

電話：（0836）77168

*明建星大飯店

電話：（0836）77180轉9

091-9991839

*東引磯釣服務

電話：0928-094266

*珍膳美（福州菜&台菜）

電話：（0836）77289

*青葉（福州菜）

電話：（0836）77307

*烹小鮮（台菜）

電話：（0836）77588

賞鳥情報

五月初，黑尾鷗即飛來東引，但風浪大，建議七、八月去。在東引島南端（中柱港、老鼠沙、北海坑道一帶），皆有機會看到海鳥翱翔。若要近看，一般都前往安東坑道，但早上十時到午間、陽光直射時，拍照較佳。

風味餐情報

在東引若要吃到絕美海鮮，一定要提前預定，請餐廳蒐羅。魚鮮多清蒸為主（如石鯛、紅鮒、嘉臘），偶以煎炸（如黃雞）、或紅糟（如海鰻）處理。蟹貝類則多以爆炒蔥蒜九層塔為主，淡菜、觀音手、海鋼盔、竹蟶請務必要嘗試。野生蚵仔湯非常鮮美，但做成蚵仔煎夾在繼光餅中吃更有味。此外，我還吃到比較特別的，像麵拖鮸魚、炒鮸魚雜、龍蝦米粉湯、福州魚丸湯（包餡和無餡）、老酒煮荷包蛋等，可洽詢老爺大飯店。

18 樂當鳥人

*外國安虱目魚（七股魚塭區）

電話：（06）7872039、7872011

*五孃原味活海鮮（七股潟湖區）

電話：（06）7881763

0919-771124

*七股國姓橋小吃

（台17國姓橋旁）

19 溯野溪泡祕湯

*好野人休閒事業
電話：（03）8332472

20 我是一隻小小鳥

*野馬飛行俱樂部
電話：0932-926289

21 慢城漫遊

*五味屋
捐助物資前，最好先聯繫，確認需求後再帶過去，心態要像「送好禮給好朋友」，避免捐贈品成為垃圾——這是「負責任的行善」。快遞請註明週六、日送達。
電話：（03）8656922
0910-656922
地址：花蓮縣壽豐鄉豐山村站前街34號（豐田火車站前）

*住海邊
地址：花蓮縣壽豐鄉鹽寮村大橋38號
電話：0920-750210

*大王菜舖子
地址：花蓮縣壽豐鄉平和村平和二街8號
電話：（03）8662189

*有的沒的二手店
電話：0929-593151

*璞石咖啡館
電話：（03）8345968

*花蓮旅遊丫銘（導遊）
電話：0929-041863

*舊書舖子（詩人楊牧故居）
電話：（03）8344586

*怡然居（攝影棚民宿）
電話：0931-135808

*前山牛軋糖
電話：（03）8321237

*卡姐咖啡
電話：（03）8228585

*泥巴咖啡（義式咖啡）
電話：（03）8350391

*四八高地（花枝羹、滷肉飯）
電話：（03）0910-140973

*海豚灣（西餐）
電話：（03）8351068

*39號招待所（江浙菜）
電話：0912-257872

*法采時光小館（義大利麵）
電話：（03）8311990

*阿迪克工作室（漂流木燈具）
電話：0937-079115

【慢城遺珠】

*阿之寶手創館
台灣各地手創品小集
電話：（03）8356913

*阿之寶小空間（藝文空間）
電話：花蓮市節約街27號（「舊書舖子」旁）

【花蓮海鮮】

鹽寮龍蝦海鮮餐廳
以清蒸小龍蝦、九孔、現流魚鮮著稱，口味屬於辦桌型。
電話：（03）8671128

【海鮮攤販】

台11線鹽寮至橄仔樹腳路段，公路旁有時會有阿美族朋友潛水現撈、現烤的野生海膽、九孔、龍蝦等。

國家圖書館出版品預行編目資料

尋找台灣特有種旅行 / 邱一新著 . -- 初版 . -- 臺北市 :
遠流 , 2013.09
面； 公分 . -- (綠蠹魚叢書；YLK57)
ISBN 978-957-32-7264-9(平裝)

1. 台灣遊記
733.6 102015873

綠蠹魚叢書 YLK57

尋找台灣特有種旅行

作者／邱一新
全書照片攝影／邱一新
照片攝影／傅宏仁（書衣背面、p29-31、67、81、117）
周成志（p163）、沈錦豐（p163）、廖林彥（p183）
張詠清（p183）、林逸杰（p193）、曾昭源（p275）
林柏偉（p291）
照片提供／黃美秀（書衣正面、p41、45）、竹崎阿寬甜筍（p117）、瑋娟（p123）
魯文印（p195）、Afi（p256-257）、王福裕（p297）
出版四部總編輯暨總監／曾文娟
資深副主編／李麗玲
企劃／王紀友
書衣・封面設計／黃寶琴
內頁視覺設計／影界文化創意有限公司

發行人／王榮文
出版發行／遠流出版事業股份有限公司
地址／台北市100南昌路2段81號6樓
客服電話／02-2392-6899 傳真／02-2392-6658
郵撥／0189456-1 著作權顧問／蕭雄淋律師
法律顧問／董安丹律師 輸出印刷／中原造像股份有限公司
2013年9月5日　初版一刷
行政院新聞局局版臺業字第1295號
定價 新台幣380元（缺頁或破損的書，請寄回更換）

ISBN 978-957-32-7264-9

YLib.com 遠流博識網 http://www.ylib.com E-mail ylib@ylib.com